ANNI BRÜCKNER

Akasha Stories

Wie du lernst, die Botschaften aus der Akasha Chronik zu deuten und für dein Leben zu nutzen

mvgverlag

Bibliografische Information der Deutschen Nationalbibliothek
Die Deutsche Nationalbibliothek verzeichnet diese Publikation in der Deutschen Nationalbibliografie. Detaillierte bibliografische Daten sind im Internet über https://dnb.de abrufbar.

Für Fragen und Anregungen
info@m-vg.de

Wichtiger Hinweis
Ausschließlich zum Zweck der besseren Lesbarkeit wurde auf eine genderspezifische Schreibweise sowie eine Mehrfachbezeichnung verzichtet. Alle personenbezogenen Bezeichnungen sind somit geschlechtsneutral zu verstehen.

Originalausgabe
2. Auflage 2024

Türkenstraße 89
80799 München
Tel.: 089 651285-0

Redaktion: Simone Fischer
Umschlaggestaltung: Sabrina Pronold
Umschlagabbildung und Grafiken: Adobestock/ Daniel Berkmann, elena_garder, Meduza, VTauscher, purdesign9, SpicyTruffel
Layout: Sabrina Pronold
Satz: inpunkt[w]o, www.inpunktwo.de
Druck: CPI
Printed in the EU

ISBN Print 978-3-7474-0443-0
ISBN E-Book (PDF) 978-3-96121-286-6
ISBN E-Book (EPUB, Mobi) 978-3-96121-287-3

Dieses Buch widme ich dir und deiner Seele.
Traue dich, sie zu entdecken.

Inhalt

Vorwort

Neuvecelle, eine kleine Gemeinde in den französischen Alpen, 1786
Ich rannte, bis meine Lungen brannten und ich nichts anderes mehr hörte als das laute Pochen in meinen Ohren. Hinter mir rief meine beste Freundin Amélie fluchend meinen Namen, doch das spornte mich an, den kleinen Hügel noch schneller hinaufzurennen, so schnell mich meine kurzen Beine tragen konnten. Das taunasse Gras kitzelte meine nackten Füße und ich hatte Seitenstechen vor Lachen. Oben angekommen, ließ ich mich erschöpft und glücklich in das Löwenzahnfeld, das mittlerweile voller weicher Pusteblumen war, fallen und lauschte nur dem Wind und meinem klopfenden Herzen. Einige Sekunden später ließ sich auch Amélie lachend zu mir ins Gras fallen, sodass wir Kopf an Kopf dalagen und einfach nur gen Himmel starrten. Ich war schon immer die Schnellere von uns beiden gewesen. Aufgrund meines zarten Alters, meiner zwei brünetten Zöpfchen und Zahnlücke unterschätzten mich die Menschen oft. Außer Amélie. Sie wusste genau, dass sie keine Chance bei einem Wettlauf gegen mich hatte.

Es war der perfekte Tag. Der Himmel war klarblau und keine einzige Wolke war in Sicht. Ich genoss jede Sekunde. »Was, denkst du, ist dort oben?«, fragte ich meine Freundin und zeigte mit dem Finger auf die Wolkenlandschaft, die sich vor uns erstreckte. Eine kleine Ewigkeit lang waren wir nur still, bevor sie antwortete. »Das sind Wale. Wale, die im Wind tanzen.« Ich erinnere mich noch genau daran, wie ich mich fühlte, als sie diese Worte sprach: Mein kleines Herz platzte vor Freude und Freiheit und mein kleiner Kopf staunte über die Wunder dieser Welt.

Das war der glücklichste Moment meiner vergangenen Inkarnation. Einfach nur mit meiner besten Freundin im Gras zu liegen und unbeschwert zu lachen. Daran änderte auch die Tatsache nichts, dass ich drei Jahre später, beim Start der Französischen Revolution, in einem flammenden Haus ums Leben kam. Meine Engel versicherten mir, dass dieses schreckliche Ereig-

nis keine negativen Auswirkungen auf mein aktuelles Leben habe. Ganz im Gegenteil: Meine ausgeglichene Art heute stamme sogar energetisch aus genau dieser Zeit.

Ich war mit keinerlei Erwartung in dieses Akasha Chronik Reading gegangen. Nur die Neugier auf meine frühere Inkarnation begleitete mich damals. Niemals hätte ich mit einer solchen Bildgewalt und so starken Glücksgefühlen gerechnet, die während des Readings in mir hochkamen. Und vor allem nicht mit den Tränen, die folgten.

Seitdem habe ich jede meiner sechs Inkarnationen in der Akasha Chronik besucht und mit jeder Reise neue spannende Erkenntnisse über meine eigene Seele gewonnen. Ich war eine atlantische Heilerin, eine überforderte Mutter, ein britischer Professor, ein Soldat im Ersten Weltkrieg, ein wilder Fuchs und ein kleines französisches Mädchen.

Nach jedem Reading in der Akasha Chronik – egal, ob ich frühere Inkarnationen besuche, den Ursprung von Glaubenssätzen oder Krankheiten meiner Kunden erfrage oder einfach nur Botschaften für die aktuellen Energien empfange – sitze ich einige Minuten in Stille da und genieße die Liebe, die sich wohlig warm in mir breitmacht. Ich grinse dann immer wie ein Honigkuchenpferd, weil ich es selbst jedes Mal aufs Neue glauben und erleben darf, wie sehr wir alle vom Universum geliebt und vom Leben getragen sind. So sehr, dass es uns alle Antworten und Hilfsmittel »einfach so« zur Verfügung stellt.

Ich möchte dich auf den kommenden Seiten auf eine kleine Reise einladen. Eine Reise, die dir zeigt, wie facettenreich eine menschliche Seele ist, aber auch ihr Wachstum und ihre Heilung sind. Dass es nicht nur Schwarz und Weiß auf dieser Welt gibt, sondern viele wundervolle bunte Graustufen dazwischen. Dieses Buch ist außerdem eine Liebeserklärung an die Akasha Chronik. Denn sie ist das Portal, das uns erlaubt, all diese magischen Welten zu besuchen und uns als multidimensionale Wesen näher kennen- und lieben zu lernen. Die Arbeit mit ihr hat mein Leben komplett verändert und ich hoffe, dass auch in dir ein kleines Feuer der Neugier und Faszination beim Lesen dieser Zeilen entsteht.

Alles Liebe,
Anni

Einleitung

Du, ich und das Weltengedächtnis

Jeder Mensch sehnt sich nach Antworten auf die großen und kleinen Fragen des Lebens. Manchmal begleiten sie uns für eine kurze Zeitspanne, manchmal unser ganzes Leben lang.

- *Wie finde ich meinen Seelenverwandten?*
- *Was ist meine Berufung?*
- *Was ist der Sinn meines Lebens?*

Aber auch:

- *Warum triggert mich meine Mama so?*
- *Wieso prokrastiniere ich immer?*
- *Wie werde ich meine Allergien los?*

Mich beschäftigten vor allem die großen Fragen, auf die niemand wirklich eine Antwort hat und die ein Mensch vielleicht erst rückblickend, am Ende seines Lebens, beantworten kann. Niemals hätte ich gedacht, dass ich mit 30 Jahren all diese Antworten kennen und sie aktiv in meinem Leben umsetzen würde. Ich erhielt ein Geschenk aus dem Universum – ein Kommunikationsmittel voller Liebe und Einsicht, das alle meine Herzensfragen beantwortet und mir konkrete Hinweise und Tipps gibt, die ich in meinen Alltag als Mama und Mensch integrieren kann. Ich lernte die Akasha Chronik kennen.

Der britische Theosoph Charles Webster Leadbeater »taufte« 1899 das Weltengedächtnis erstmals mit dem Namen »Akasha Chronik« in seinem Werk *Clairvoyance*. Das Wort »Akasha« stammt aus dem Sanskrit und bedeutet übersetzt *Äther* oder *Raum*. Die Akasha Chronik ist das universelle Weltengedächtnis, ein energetisches Feld, ein ätherisches Archiv, in dem Informationen über alle Ereignisse seit Anbeginn der Zeit gespeichert sind. Sie wird oft als »Buch des Lebens« bezeichnet, wobei ich den Begriff der »Weltenbibliothek« wesentlich passender finde.

Die Menschheit definiert sich durch ihre Suche nach Antworten. Deshalb finden sich erste Aufzeichnungen der Akasha Chronik bereits in der Antike. Die Menschen sehnten sich damals bereits nach dem sagenumwobenen Weltengedächtnis, das spirituell Suchenden Einblicke in frühere Leben gewähren sollte. Sie dachten jedoch, das Lesen in jenem sei nur wenigen Auserwählten vorbehalten. Erst mit den Lehren Rudolf Steiners, der seine eigenen Reisen in der Akasha Chronik öffentlich publizierte, kam folgende Wahrheit ans Licht: Jeder Mensch kann auf das Wissen der Akasha Chronik zugreifen. Wir dürfen und sollen sie nutzen, nicht nur um Antworten auf die Fragen unseres Lebens zu erhalten, sondern um ganz konkrete Hilfestellungen und Übungen aus der geistigen Welt zu empfangen. Auf diese Weise lernen wir, aktiv mit den universellen Kräften zu arbeiten und im Alltag in eine höhere Frequenz der Heilung zu finden. Das ist auch einer der unzähligen Gründe, warum ich die Arbeit mit der Akasha Chronik so sehr liebe: Sie ist unglaublich praktisch. Ich bin immer wieder fasziniert, wie einfach mir meine Engel in der Akasha Chronik energetische Prozesse erklären, die in Wirklichkeit viel komplexer sind, oder wie simpel und wirkungsvoll die Übungen sind, die ich empfange, um beispielsweise Glaubenssätze loszulassen oder meinen Kindern das Einschlafen zu erleichtern. Und wie klar und bestärkend die Botschaften und Handlungsanweisungen sind, wenn es um unklare und schwierige Themen wie die Zukunft oder die Berufung geht. Ich gehe aus jedem meiner Readings mit einem Herz voller Liebe, einem Geist voller Wissen und einer unendlichen Dankbarkeit heraus.

Mich erreicht immer wieder die Frage:

Anni, was ist, wenn es bei mir nicht funktioniert?

Meine Antwort ist immer dieselbe: Es ist dein Geburtsrecht, diese Verbindung zu nutzen. Dein Geburtsrecht, alle Facetten deiner Seele zu erkunden, um dir deinen hochenergetischen Lebensweg zu erschaffen. Wir stammen alle aus der gleichen energetischen Quelle: dem Universum, Gott, der Schöpfung. Auch wenn wir als fehleranfällige Menschen inkarniert sind, so verlieren wir nie die Verbindung zu unserem Ursprung. Manche Menschen fühlen den Ursprung deutlicher als andere, aber er ist bei allen da. Deshalb braucht es bei einigen Menschen mehr Übung, bei anderen weniger, um sich dieser Verbindung wieder bewusst zu werden. Aber jeder Mensch besitzt die Fähigkeit, das Lesen in der Akasha Chronik zu lernen. Wenn dich die Akasha Chronik interessiert, vielleicht sogar magisch anzieht, dann ist dies dein Zeichen, tiefer in diese Thematik einzusteigen.
Ich liebe es, anderen Menschen das Lesen in der Akasha Chronik beizubringen. Ich war schon immer eine Lehrerin des Lebens – bereits damals, als ich in meiner juristischen Laufbahn tätig war. Meine Studierenden kamen regelmäßig nach der Unterrichtsstunde zu mir, um von ihren Alltagsproblemen zu erzählen und sich Rat einzuholen. Ich liebe das Unterrichten, weil seitens meiner Schüler immer spannende Rückfragen kommen. So wurde ich in meiner Ausbildung letztens Folgendes gefragt:

Warum brauchen wir die Akasha Chronik eigentlich?
Tragen wir nicht alle Antworten bereits in uns?

Ich schmunzelte sehr bei dieser Frage und war zugleich auch unheimlich stolz auf meine Schüler für diese Beobachtung. Ja, wir tragen alle Antworten bereits in uns. Aber nicht alle Antworten liegen so nahe an der Oberfläche, dass sie für uns problemlos greifbar sind. Ich fragte in der Akasha Chronik nach, wie ich meinen Kursteilnehmern ihre Wirkungsweise am besten verdeutlichen konnte, und bekam folgende Antwort:

Die Akasha Chronik ist ein hochfrequentes Feld der bedingungslosen Liebe und wirkt wie ein Katalysator, ein Schnelltunnel. Alle Weisheiten und Antworten, die bereits in dir sind, werden in ihrem Liebesfeld sofort sichtbar und für dich erreichbar. So findest du Lösungen, die vielleicht unter Tonnen von Glaubenssätzen vergraben liegen, viel leichter und schneller. Engel, Geistführer und andere Meister können dir frühere Inkarnationen zeigen, an die du dich nicht mehr erinnerst. Die Akasha Chronik verbindet dich also nicht nur mit dem Universum und allen hochfrequenten Helfern, die sich in ihren Sphären befinden, sondern auch mit den Tiefen deiner selbst, und lockt alles ans Licht, was sich zeigen möchte und darf.

Theoretisch brauchst du die Akasha Chronik also eigentlich nicht, aber praktisch würde ich niemals auf sie verzichten wollen. Du hast schon so vieles durchlebt, nicht nur in dieser Inkarnation. Deine Seele ist viel älter als dein menschlicher Körper, mit viel mehr Erfahrung, wenn auch unterbewusst. Es wäre schade, dieses wertvolle Wissen nicht an die Oberfläche zu holen und versteckt zu lassen. Und da unser menschlicher Alltag von Sorgen, Ängsten und Glaubenssätzen geprägt ist, dürfen wir uns für unsere Heilung himmlische Hilfe holen.

Kapitel 1

Dein Zugang zur Akasha Chronik – eine Anleitung

Mein eigener Akasha Lernweg war etwas holprig und lang. Ich betone diese Tatsache in meinen Kursen immer wieder, denn jeder lernt in einem anderen Tempo und auf unterschiedliche Art und Weise. Ich habe damals Pionierarbeit betrieben, da wirklich wenig Informationen zum Thema Akasha Chronik verfügbar waren. Es gab einige ominöse Onlineforen, in denen Menschen mit Benutzernamen wie »DerErleuchtete111« erklärten, dass nur wenige Menschen ausersehen seien oder man Palmblätter zum Lesen brauche. Ich spürte schnell, dass viel Unfug im Umlauf war, und vertraute meiner Intuition. Ich las die wenigen Bücher, die es damals auf dem Markt gab, und probierte mich aus. Ich übte und übte und übte an meiner Verbindung zur Akasha Chronik und meinen Readings. Meine ersten Readings verbrachte ich in meiner Einzimmerwohnung auf einem Kissen auf dem Boden. Ich arbeitete damals als wissenschaftliche Mitarbeiterin an einer juristischen Fakultät. Du siehst also, dass ich aus einer sehr verkopften Fachrichtung komme und mir die Arbeit mit der Akasha Chronik umso mehr geholfen hat, mich stärker mit meiner Intuition zu verbinden.

Hast du schon einmal eine Fremdsprache gelernt? Dann weißt du, dass es Übung braucht, um Sätze dieser Sprache zu verstehen und Zusammenhänge in den Wörtern zu erkennen. Mit der Akasha Chronik ist es nicht anders. Eine der wichtigsten Erkenntnisse in meinem Lernprozess war, dass das Lesen in der Akasha Chronik dem Lernen einer Fremdsprache gleicht. Wenn ich Französisch lernen möchte, darf ich mich zunächst damit auseinandersetzen, wie diese Sprache aufgebaut ist, welcher Grammatik sie folgt, welcher Rechtschreibung. Ich darf Vokabeln lernen, um gelesene und gesprochene Worte dieser Sprache zu verstehen. Zuletzt ist es auch wichtig, diese Sprache aktiv zu sprechen, Zeit in der jeweiligen Sprachsphäre zu verbringen und sich mit Muttersprachlern auszutauschen, um die Sprache zu meistern. So funktioniert auch das Lesenlernen in der Akasha

Chronik. Es gibt viele wichtige Zahnräder, die in ihrer Gesamtheit zusammenwirken, um die Frequenzen der Akasha Chronik bei dir als Empfänger in verständlichen Worten oder Bildern ankommen zu lassen. Das sind beispielsweise das gezielte Training deiner Hellsinne oder deiner energetischen Grundfrequenz, aber auch die richtige Art der Fragestellung und das Kennenlernen und Unterscheiden deines Egos von der Stimme der geistigen Welt. Du brauchst also keine besondere Gabe zu besitzen oder ein Auserwählter zu sein, um detaillierte Botschaften aus der Akasha Chronik zu empfangen. Du brauchst allein die richtigen Übungen und ein bisschen Fleiß und Motivation zu lernen.

Deshalb möchte ich auch direkt ans Eingemachte gehen und dir konkret erklären, wie du dich mit der Akasha Chronik verbindest. Wie bereits erklärt, kann ich dir nicht versprechen, dass es sofort funktioniert, da das Empfangen eines detaillierten Readings Zeit und Übung braucht. Aber für erste Selbstversuche reichen die folgenden Zeilen allemal und du wirst die Verbindung auf jeden Fall spüren.

Eine Sache vorweg: Habe keine Angst vor der Verbindung. Das Sich-Verbinden mit der Akasha Chronik ist ein Eintauchen in eine wundervoll hohe Frequenz. Als ich zum ersten Mal die Akasha Chronik betrat, hatte ich die Vorstellung, dass sich direkt vor mir ein Verstorbener oder ein anderes Wesen zeigen würde, und das war mir nicht ganz geheuer. Heute weiß ich, dass das Betreten der Akasha Chronik vielmehr einer sehr intensiven Trancemeditation gleicht. Du fühlst dich wohl und beschützt, als würdest du nach einem kalten Regentag in die Badewanne steigen. Da du in hohe Frequenzen eintauchst und innerhalb deines Readings auch in ihnen verweilst, wirkt sich das natürlich auf deinen Energiekörper aus: Du bist nach einem Reading immer sehr ausgeglichen, deine Frequenzen erhöhen sich und deine Heilung wird beschleunigt. Auch deine Aura ist nach einem Reading viel lebendiger und kraftvoller.

Die vier Schritte zur Akasha Chronik

Alle Wege führen nach Rom – so ist es auch beim Lesen in der Akasha Chronik. Es gibt nicht »den einen richtigen« Weg, um sich zu verbinden; vielmehr kennt jedes Akasha Chronik Medium eine eigene Art, Readings zu empfangen. Das ist eines der Wunder unserer Verbindung zur geistigen Welt – jede dieser Arten ist einzigartig. Ich habe aus diesem Grund damals in der Vorbereitung auf meine Kurse eine Verbindungsmethode aus der Akasha Chronik erfragt, die universell, kurz und kraftvoll ist und mit der sich jeder Mensch gut verbinden kann. Diese Methode möchte ich dir auf den kommenden Seiten erklären und zeigen.

Meine gechannelte Verbindung mit der Akasha Chronik besteht aus vier Schritten:

1. dem Befreien deines Verstands,
2. der energetischen Verbindung von Wurzel und Krone,
3. dem Aufsagen des Akasha Chronik Mantras und
4. dem eigentlichen Reading.

Erde dich, bevor du startest

Der Energiekörper des Menschen besteht aus sieben Hauptchakren. Chakren sind energetische Zentren unseres Körpers, die miteinander wirken und den Energiefluss unseres Körpers gewährleisten. Von unten nach oben benannt gibt es:

- das Wurzelchakra,
- das Sakralchakra,
- das Solarplexuschakra,
- das Herzchakra,
- das Halschakra,
- das Stirnchakra
- und das Kronenchakra.

Falls diese Begriffe für dich neu sind, nimm dir bitte bewusst einen Moment Zeit, um dich im Internet hierüber schlauzumachen. Wir werden diese Begriffe im Laufe des Buches noch öfters brauchen.

Wenn wir energetisch arbeiten – egal ob mit der Akasha Chronik oder einem anderen geistigen Hilfsmittel wie dem Pendel, Reiki, Tarot und Co. –, werden vor allem zwei unserer Chakren stark beansprucht: das Stirnchakra (auch drittes Auge genannt) und das Kronenchakra. Beide Chakren sind für die Kommunikation mit der geistigen Welt unerlässlich und arbeiten intensiv, wenn wir uns mit dem Universum verbinden. Damit es nicht zu einer Disbalance im Energiekörper kommt, müssen wir die jeweiligen Komplementärchakren stärken. Hiermit meine ich das Wurzelchakra und das Sakralchakra. Diese beiden Chakren liegen nicht nur »gegenüber« von Stirnchakra und Kronenchakra, sondern halten sie auch energetisch im Gleichgewicht. Komplementärchakren balancieren sich gegenseitig aus. Lange Rede, kurzer Sinn: Wenn du viel energetisch arbeitest, musst du dich auch regelmäßig erden, um einen ganzheitlichen Energiefluss in deinem Körper zu gewährleisten.

Die Erdung ist ein Prozess, sich mit der physischen Welt zu verbinden und die Aufmerksamkeit auf das Hier und Jetzt zu lenken. Dadurch entstehen in unserem Energiekörper Stabilität und Ausgeglichenheit. Wir stärken durch regelmäßige Erdung unser

Wurzelchakra und verbinden uns mit Mutter Erde. Wir erinnern uns dadurch daran, dass wir Teil dieser Schöpfung sind. Wir werden bodenständiger und nehmen unsere Umgebung achtsamer wahr. Vielleicht kennst auch du Menschen, die verträumt sind und den Kopf »in den Wolken« tragen. Diese Menschen brauchen mehr Erdung, weil sie energetisch zu stark auf ihre oberen Chakren fokussiert sind. Es fließt zu viel Energie im Kronenchakra und zu wenig Energie im Wurzelchakra. Ihnen fehlt dann oft der Bezug zur materiellen Welt und oftmals verstecken sie sich in ihren Träumen und Fantasien, ohne die Wunder des jetzigen Moments zu sehen.

Wenn wir uns erden, gleichen wir das Kronenchakra und Stirnchakra aus. Eine übermäßige Beanspruchung beider obigen Chakren führt nämlich oft zum sogenannten energetischen Kater. Hierunter werden Kopfschmerzen bezeichnet, die entstehen, wenn wir uns in unserer spirituellen Arbeit nicht genug erden. Dieser Begriff hat sich in der spirituellen Welt deshalb entwickelt, weil diese Kopfschmerzen den einen oder anderen vielleicht an Jugendzeiten und lange Nächte, vor allem aber den Morgen danach, erinnern.

Es gibt viele Wege, sich zu erden: ein kleiner Waldspaziergang, ein Tänzchen ganz barfuß zum Lieblingslied oder ein Glas klares Wasser. Letzteres ist wohl die schnellste und einfachste Methode und deshalb trinke ich vor jedem meiner Akasha Chronik Readings ganz bewusst ein Glas klares Wasser, bevor ich mit dem ersten Schritt der Verbindung starte.

Wenn du das Gefühl hast, du brauchst ein bisschen »mehr« als nur einen Schluck Wasser, möchte ich dir hier eine kleine Methode zur Erdung zeigen, die wirklich wundervoll funktioniert und gleichzeitig deine Atmung verbessert. Du atmest dann tiefer, langsamer und gleichmäßiger. Die Übung ist einfach, geht schnell und du kannst sie jederzeit machen, egal, ob du gerade im Wald stehst oder im Büro sitzt.

Übung: Erdende Wurzeln

1. Setze oder stelle dich bequem hin, sodass deine beiden Füße den Boden berühren. Achte darauf, dass sie schulterbreit auseinanderstehen und du eine gerade, aber für dich angenehme Haltung einnimmst.
2. Schließe, wenn du möchtest, gerne deine Augen. Atme tief durch die Nase ein und langsam durch den Mund wieder aus. Konzentriere dich für einen kurzen Moment nur auf deine Atmung und komme bei dir an.
3. Stelle dir dann vor, dass du barfuß fest auf einem Waldboden stehst. Du machst dich schwer und spürst die Schwerkraft, die dich mit der Erde verbindet.
4. Stelle dir dann vor, wie aus deinen Füßen kräftige Wurzeln wachsen, die sich tief in die Erde hinein erstrecken. Diese Wurzeln sind stark und durchdringen den Boden mit Leichtigkeit. Spüre, wie angenehm kühl der Boden unter dir ist und wie viel Stabilität er dir schenkt. Du bist sicher und fest verwurzelt.
5. Konzentriere dich weiter auf deine Atmung und stelle dir dann vor, wie du mit jedem Einatmen Energie aus der Erde aufnimmst. Diese hellgrüne und heilende Energie strömt durch deine Wurzeln in deine Füße und durch deinen ganzen Körper. Du spürst sofort, wie sie dich stärkt und dich mit Ruhe, Kraft und bedingungslosem Vertrauen erfüllt.
6. Lasse dann mit deiner Ausatmung deine Sorgen, Ängste und negative Gedanken los. Du lässt diesen ausgeatmeten Lufthauch wie Regen auf die Erde fallen, wo er in die tiefen Schichten einsickert. Dort werden deine Ängste und Sorgen in Licht transformiert und fließen zur Gesamtenergie in reiner Form zurück.

Spüre, wie du dich mit jeder Ausatmung leichter und freier fühlst.

7. Wiederhole diesen Kreislauf sooft du es brauchst. Mit jedem Einatmen nimmst du neue Energie auf und mit dem Ausatmen gibst du alte Energie ab.
8. Nimm dir am Ende der Übung einen Moment Zeit, um die Erdung zu spüren, und fühle dankbar die Verbundenheit mit der Erde und dem Universum. Du bist ein Teil dieses großen wundervollen Ganzen, ein Teil dieser Schöpfung. Du bist in lebendigem Fluss mit allem, was dich umgibt.

Nun bist du geerdet und wir starten mit dem ersten Schritt der Verbindung.

Schritt 1: Befreie deinen Verstand

Wir Menschen sind viel zu selten in der Stille mit unseren Gedanken. Wenn wir im modernen lauten Alltag tatsächlich einmal still sind, dann scrollen wir uns durch die fiktiven Welten des Internets oder sitzen arbeitend am PC. Dabei ist es für uns so wichtig, einfach einmal still zu sein, um all die energetischen Eindrücke verarbeiten zu können, die wir täglich erleben. Die großen Menschenmassen, unsere eigenen Gefühle, aber auch die Gefühle unserer Liebsten, die wir manchmal als Ballast versuchen mitzutragen. Unser Gehirn ist voll von eigenen und fremden Gedanken und To-do-Listen, die bereits weit in der Zukunft liegen. Deshalb schlafen viele Menschen so schlecht, da unsere Träume den einzigen Raum bieten, all diese Energien zu verarbeiten. Ich bin Mama von zwei Jungs – ich kenne den Mangel an Stille gut und nehme mich hier nicht raus. Daher ist es aber umso

wichtiger, bewusst aus dem Gedankenkarussell auszusteigen und den Kopf von all den Energien zu befreien, die uns gerade nicht dienen.
Nur mit einem klaren und leeren Kopf können wir die Informationen aus der Akasha Chronik richtig empfangen. Du kannst dir deinen Kopf wie einen Tunnel vorstellen – je voller der Tunnel ist, je verschmutzter und verstopfter seine Innenfläche, desto weniger klares Wasser fließt durch ihn hindurch. Je voller dein Kopf ist, desto schwerer fällt es dir, die übermittelten Botschaften der Akasha Chronik im Gedankenwirrwarr zu identifizieren.
Ich starte die Verbindung mit der Akasha Chronik daher immer damit, dass ich meinen Verstand befreie. Dieser Schritt ist sehr wichtig und sollte nicht übersprungen werden. Die Übung lockert außerdem jegliche geistigen Anspannungen auf, die du in dir trägst. Lasse intuitiv alles raus und los, was sich angestaut hat. Halte dich nicht zurück. Ich merke bei diesem Schritt oft, dass meine Schüler zunächst immer sehr leise starten. Sie verstehen allerdings schnell, wie befreiend diese Übung ist, und verlieren die anfänglichen Hemmungen in Windeseile.

Übung: Austönen

1. Schließe deine Augen und atme kraftvoll und bewusst durch die Nase ein.
2. Atme dann laut und tönend oder seufzend aus. Lasse dabei alle deine aufgestauten Gedanken und Gefühle aktiv los und nutze deine Stimme als Ventil, alles aus deinem Kopf herauszukatapultieren, was sich energetisch dort bereits angesammelt hat.
3. Dieses Austönen oder Ausseufzen darf so lang und so laut sein, wie es sich für dich richtig anfühlt. Es muss

nicht schön klingen, versuche, nichts zu unterdrücken. Alles darf raus und du darfst in die Stille finden.

4. Spüre, wie mit jedem Austönen dein Kopf immer ruhiger und leerer wird. Nimm diesen neuen Raum in deinem Kopf bewusst wahr.

Sobald du spürst, dass sich dein Verstand leichter und freier anfühlt, darfst du mit dem zweiten Schritt der Verbindung direkt im Anschluss fortfahren.

Schritt 2: Die Verbindung von Wurzel und Krone

Im zweiten Schritt möchten wir uns aktiv mit der universellen Energie verbinden. Wir nutzen hierfür unsere Lebensenergie und verbinden uns mit dem Universum, um danach anhand des Akasha Chronik Mantras konkret die Energie der Akasha Chronik zu betreten. Ich stelle mir das immer so vor, als würden wir zunächst durch ein LAN-Kabel die Verbindung zum allgemeinen Internet herstellen und dann ganz konkret die Suchmaschine der Akasha Chronik aufrufen und uns in ihr Netz einwählen. Deine Lebensenergie fließt jederzeit durch deinen gesamten Körper in einem wundervollen göttlichen Energiekreislauf. Manchmal entstehen energetische Staus, zum Beispiel aufgrund von Traumata, Streits oder Lernaufgaben, die diesen Kreislauf zwar nicht unterbrechen, aber wie bei einem Stau auf der Autobahn verlangsamen. Dadurch bilden sich oftmals Krankheiten oder Glaubenssätze, die aufgelöst und geheilt werden können, wenn dieser energetische Stau sich ebenfalls löst. Die Quelle deiner Lebensenergie sitzt zwischen deinem Wurzelchakra und deinem Sakralchakra, dort, wo sich dein Becken und deine Sexualorgane befinden. Warum? Dort startet jegliches menschliche Leben dieser Erde. Diese Energie ist mit deiner Schöpferkraft verbunden, sie lässt dich erschaffen und kreieren. Sie verbindet dich aber auch mit dieser Erde und ihren Wurzeln. Sie ist die Quelle deines authentischen energetischen Selbst. Indem du diese Energie visualisierst und sie durch deinen Körper nach oben ins Universum fließen lässt, verbindest du dich also mit der geistigen Welt, ohne die Verbindung zur Erde zu verlieren.

Übung: Goldener Lebensfluss

1. Nachdem du in Schritt 1 deinen Kopf von jeglichen Gedanken und Gefühlen freigeräumt und Platz geschaffen hast, wandere mit deiner Aufmerksamkeit hinunter zu deinem Becken.
2. Spüre in die Lebensenergie hinein, die dort wohnt und ihren Ursprung in deinem Körper findet. Beobachte für einen Moment, wie sie sich für dich anfühlt. Ich stelle sie mir gerne wie einen goldenen, glitzernden Fluss vor, der unten im Becken in einem lebendigen See mündet und den ich durch meinen gesamten Körper fließen lassen kann. Diese Energiequelle ist kraftvoll und inspirierend, gleichzeitig auch erdend und stärkend.
3. Lasse diesen goldenen Lebensfluss nun bewusst nach oben durch deinen Körper wandern. Spüre, wie er aus deinem Becken hoch in deinen Bauch und dann weiter in deine Brust fließt. Er wandert hoch in deinen Hals, weiter hoch durch deinen Kopf bis zu deinem Kronenchakra, das sich leicht oberhalb deines Scheitels befindet. Dort visualisierst du eine geschlossene

Blüte, die sich mit deiner wundervollen Energie füllt. Spüre, wie sie heller und heller strahlt, je voller sie wird.

4. Sobald du das Gefühl hast, dass die Blüte nun gänzlich mit deiner Lebensenergie gefüllt wurde, darfst du sie gedanklich öffnen.
5. Stelle dir vor, dass dein Lebensfluss wie ein leuchtender Strahl durch die offenen Blütenblätter nach oben schießt und dich mit der geistigen Welt verbindet, mit all ihrem Wissen, mit all ihrer Weisheit. Diese Verbindung ist stark und klar, sie reicht von unten aus deiner Wurzel bis hoch in die Weiten des Universums. Spüre bewusst in diesen magischen Kontakt hinein.

Öffne dann deine Augen und mache dich für Schritt 3 der Verbindung bereit.

Schritt 3: Das Akasha Chronik Mantra

Du bist nun intensiv mit der Energie der geistigen Welt verbunden und spürst jetzt bereits einen Zustand der Trance. Das äußert sich gerne durch ein Ziehen am Kopf oder ein allgemeines, leicht »schwummriges« Gefühl. Um dich aktiv in das Feld der Akasha Chronik einzuwählen und dich mit ihr zu verbinden, sprich das Akasha Chronik Mantra laut aus. Das laute Aussprechen ist wichtig, weil du durch deine Stimme und ihre Vibration zusätzlich die Frequenz der Akasha Chronik ansteuerst und die Verbindung dadurch noch intensiver machst, als wenn du es nur gedanklich ablesen würdest.

Das Mantra ist kurz, kraftvoll und klar:

Ich bin und gehöre zum
großen Ganzen.

In Liebe und Dankbarkeit
empfange ich die Antworten,
nach denen ich suche.

Aham Brahmasmi.

»Aham Brahmasmi« ist Sanskrit und bedeutet »Ich bin eins mit dem Göttlichen«. Das »h« in Aham wird laut, das »h« in Brahmasmi stumm ausgesprochen. Deine Seele erinnert sich durch diese Worte an die heilige Verbundenheit mit der geistigen Welt, die du durch dein Reading in der Akasha Chronik stärkst und im wahrsten Sinne des Wortes lebst. Sobald du das Mantra ausgesprochen hast, bist du ganz und bewusst mit der Akasha Chronik verbunden.

Schritt 4: Das Reading

Nun darfst du deine Fragen stellen. Du darfst alles nachfragen, was deine eigene Seele oder die Kollektivenergie betrifft. Eine Frage nach deiner Berufung oder der Ursache einer Krankheit ist genauso möglich wie eine Frage nach den aktuellen Energien im Feld oder in der Zukunft der Menschheit. Du darfst allerdings nicht nachfragen, warum beispielsweise dein Nachbar seine Frau betrügt, weil eine solche Frage in sein Energiefeld eindringen würde. Und das wäre, als würdest du heimlich in einem fremden Tagebuch lesen. Möchtest du eine Information oder Botschaft für eine andere Person erfragen, brauchst du immer das bewusste Einverständnis dieser Person.

Ein Reading in der Akasha Chronik gleicht einer Konversation mit einem weisen Lehrer oder dem Besuch einer gigantischen Bibliothek. Du stellst deine Fragen und erhältst die für dich perfekte und richtige Antwort durch Bilder, Filme, Worte oder Gefühle. Es liegt an dir, dein Reading zu gestalten, denn ein Reading ist nichts anderes als ein Dialog: Je lebendiger das Gespräch ist, je mehr Rückfragen gestellt werden, desto deutlicher zeigt sich das energetische Gesamtbild deiner Antwort.

Du beendest das Reading, indem du dich zunächst liebevoll bei der geistigen Welt bedankst. Auch wenn wir immer wieder dazu aufgefordert werden, so natürlich wie möglich mit den Engeln und Meistern der Akasha Chronik zu sprechen, so bedarf es trotzdem eines Respekts, den wir durch unsere Dankbarkeit entgegenbringen. Denn die Liebe, die uns in der Akasha Chronik durchflutet und zuteilwird, verdient ein großes Dankeschön.

Stelle dir danach vor, wie du die offene Blüte an deinem Kronenchakra wieder sanft schließt und die aktive Verbindung zur Akasha Chronik trennst. Trinke danach noch einen Schluck Wasser, um den Energiekreislauf deines Körpers anzuregen und, wie oben bereits erklärt, die Energie deines Kronenchakras erdend auszugleichen.

Ich werde in meinen Kursen oft gefragt, warum man die Verbindung zur Akasha Chronik überhaupt trennen muss. Das liegt daran, dass der Kontakt zur Akasha Chronik sehr intensiv ist und bereits einer Trance gleicht. Im Trancezustand können wir auf unsere tatsächliche Umgebung nicht so gut reagieren, da wir ganz und gar in der Rolle des energetischen Kanals sind und Informationen empfangen, statt auf unsere irdischen Sinne und Impulse im Außen zu achten. Einfach formuliert: Während der Verbindung ist man ein bisschen »gaga« und verträumt, weshalb du für dein Reading immer einen geschützten Ort wählen soll-

test. Verbinde dich mit der Akasha Chronik am besten bei dir zu Hause und lieber nicht innerhalb einer großen Menschenmenge und schon gar nicht im Straßenverkehr.
Es braucht wie alles im Leben Zeit und Übung, die Nuancen der Antworten aus der Akasha Chronik richtig zu übersetzen, aber es gibt keine Grenzen hinsichtlich der Fragestellung, die deine eigene Seele und dein eigenes Leben betreffen. Bei mir hat es viele Monate gedauert, bis ich klare Antworten empfangen habe, denn Übung macht den Meister. Mittlerweile frage ich zu jedem Thema in der Akasha Chronik nach. Wenn ich krank bin, frage ich nach der Ursache und Heilmethode. Merke ich, dass mich ein Glaubenssatz plagt, erfrage ich auch hier den Ursprung, warum er sich jetzt gerade wieder zeigt und wie ich ihn auflösen kann. Ich liebe es, einfach nur in der Akasha Chronik nach Atlantis zurückzureisen und die energetische Meeresbrise einzuatmen, die ich damals täglich genießen durfte. Oder mich mit den Engeln zu unterhalten und eine aktuelle Botschaft für mich zu empfangen. Du kannst in der Akasha Chronik wirklich alles erfragen, was deine eigene Seele oder das Kollektiv betrifft, und die Antworten sind klar und detailliert.
Wenn ich mich mit der Akasha Chronik verbinde, werde ich oft von einem Engelschor begrüßt. Manchmal gesellt sich Erzengel Michael zu mir, zu dem ich eine starke Verbindung verspüre, oder meine Geistführerin – meine aktuelle spirituelle Lehrerin – nimmt mich an die Hand und zeigt mir die Antwort auf meine Frage. Die meiste Zeit bekomme ich allerdings die Antworten von völlig unbekannten Energien, die sich mir nicht immer zeigen. Mal wird mir die Antwort direkt gezeigt, als würde ich ein Buch aufschlagen und das Problem selbst recherchieren, mal erläutert mir ein Engel, Heiler oder Meister mit seinen Worten, was für mich wichtig ist. Du kannst in der Akasha Chronik daher jegliche Energien antreffen und es wird sich immer die Energie zeigen, die für dich die richtige Antwort bereithält. Das können

auch Verstorbene sein, die sich bewusst in das Feld der Akasha Chronik bewegen, um mit dir zu kommunizieren. Es wird sich niemals jemand zeigen, dessen Energie sich für dich seltsam anfühlt. Du wirst vielmehr merken, dass in der Akasha Chronik eine liebevolle Vertrautheit herrscht, weil deine Seele sich an dieses Feld der bedingungslosen Liebe erinnert.

Eine kleine Hausaufgabe

Ich möchte dich dazu einladen, die vier Schritte der Verbindung selbst auszuprobieren. Sei mutig und probiere es einfach aus. Nur so lernst du, denn niemand startet perfekt. Du arbeitest mit jedem Reading an deiner Technik und Fähigkeit.

1. Verbinde dich durch die oben beschriebene Technik mit der Akasha Chronik und sage Folgendes:
2. *Bitte gebt mir ein Zeichen, dass ich mit der Akasha Chronik verbunden bin.*
3. Achte dann darauf, was du empfängst. Das kann ein warmes Gefühl in deiner Herzgegend sein oder ein Glücksgefühl, es kann ein sanftes, kaum merkbares Ziehen an deinem Scheitel sein, es kann sich aber auch ein visuelles Zeichen zeigen oder ein Gedanke, der plötzlich zu dir findet. Eine Kursteilnehmerin wurde in ihrem ersten Reading in der Akasha Chronik von einem Konfettiregen begrüßt, eine andere hat das Gefühl tiefer Freiheit und Entspannung verspürt. Alles ist möglich.

Kapitel 2

Wer war ich früher – und wenn ja, wie viele?

Jeder Mensch weiß (oder hofft zumindest), dass die Seele unsterblich ist. Aber hast du dich schon einmal gefragt, wie deine Seele eigentlich entstanden ist? Welcher Weg sie hier in diese Inkarnation geführt hat? Warum du diese bestimmte Seelenenergie und Persönlichkeit mit all ihren Facetten tagein, tagaus in dir trägst? Mich interessierte dieses Thema vor einigen Jahren brennend und so nutzte ich eines meiner Readings in der Akasha Chronik, um genau dieses Thema näher zu beleuchten.

Seelenindividualisierung

Wir alle stammen aus der gleichen Energie, dem großen Ganzen. Einige nennen es Universum, andere Quelle, wieder andere Gott. Diese Energie umgibt uns jederzeit und fließt durch uns hindurch, weil wir ein energetischer Teil der ihren sind. Wenn du deine Augen schließt und dich konzentrierst, kannst du diese Energie wie einen Fluss oder Strom hochfrequenter göttlicher Energie in dir spüren. Mit etwas Übung kannst du sogar ihre Vibration und Frequenz hören. Hieraus resultiert die große Verbundenheit aller Lebewesen, die viele empathische Menschen intuitiv fühlen. Wir sind alle eins, und doch sind wir alle unterschiedlich.

Jede Seele auf diesem Planeten ist auf die gleiche Art und Weise entstanden. Eine Seele wird geboren, indem sie sich von der Gesamtenergie individualisiert. Ich nutze hier ungern das Wort »abspalten«, weil es einen definitiven Charakter hat und eine Seelenindividualisierung alles andere als definitiv ist. Die Seele trennt sich zwar räumlich von der Energiemasse, bleibt aber als Teil dieser universellen Schöpferenergie für immer mit ihr verbunden. Durch diese Individualisierung hat sie nun die Möglichkeit, sich auf ihre eigene Seelenreise zu begeben, zu wachsen, zu lernen, zu transformieren. Sie erschafft sich im liebevollen Gewässer des Universums eine Individualexistenz.

Bereits mit dieser Individualisierung entscheidet sich die Seele für eine bestimmte Grundfrequenz, welche sich im Laufe ihrer Existenz wandelt und mitwächst. Mir wurde dieser erste Energetisierungsprozess der Seele in der Akasha Chronik wie folgt beschrieben: Wir dürfen uns das Universum wie eine Patchworkdecke vorstellen, die aus einzelnen kunterbunten Stoffstücken besteht. Diese Decke des Universums ist komplett hochfrequent, besitzt aber unterschiedliche energetische Ausprägungen. Es gibt den Bereich der Liebe, den Bereich der Freiheit, den Bereich der Hoffnung, den Bereich des Friedens und viele, viele weitere. Jeder Bereich hat eine individuelle hohe Frequenz und doch hängen alle Frequenzen in einem wundervoll energetischen Wechselspiel zusammen, das für unsere menschlichen Gehirne in der Gänze nicht vorstellbar oder erklärbar ist. Je nachdem, aus welcher Frequenz sich eine Seele individualisiert, bestimmt dies bereits den ersten energetischen Teil ihrer Persönlichkeit. Eine Seele, die ihrer Frequenz nach direkt aus der Freiheit kommt, wird diese Freiheit auch für den Rest ihrer Existenz im Vordergrund ihrer Energie halten. Das bedeutet nicht, dass diese Seele nicht auch in der Liebe oder der Hoffnung ist oder aus ihr geboren wurde: Das gesamte Universum schwingt in all diesen Frequenzen gleichzeitig, doch manche Frequenzen sind bei der Geburt der Seele dominanter als andere. So entwickelt sich der erste Charakterzug einer Seele.

Seelenheimat

Der nächste Schritt ihrer Reise direkt nach ihrer Individualisierung ist die Wahl einer Seelenheimat. Wir dürfen uns die Seelenheimat wie einen menschlichen Geburtsort vorstellen. Er wird gewählt und bleibt dann, auch wenn die Seele direkt im Anschluss weiterzieht. Aus dieser Seelenheimat empfängt die Seele Gaben und Talente, sie taucht in die Frequenzen ihrer Heimat ein und diese Heimat erklärt oft den einen oder anderen stärkeren Persönlichkeitszug. Die Seelenheimat können ferne Planeten und Sterne sein, wie Sirius, Orion oder die Plejaden. Solche sogenannten Starseeds haben oft großes Heimweh, wenn sie als Menschen inkarnieren, weil ihre Seelenheimat von der Erde aus betrachtet weit in der Ferne liegt. Eine Seelenheimat kann aber auch ein Planet unseres irdischen Sonnensystems sein, ja sogar ein Mond eines Planeten. Ich kenne viele Seelen, die sich die Erde als Seelenheimat ausgesucht haben und sehr naturverbunden sind. Jeder Planet, jeder Stern, jeder Himmelskörper hat eine ganz eigene, sehr diverse Energiesphäre.

Eine Seelenheimat kann aber auch das Universum an sich sein. Dann sprechen wir vielmehr von einer Seelenessenz. Die Seele kann sich auch entscheiden, sich keinem Planeten oder Stern, sondern sich vielmehr einer energetischen Gruppe zugehörig zu fühlen. Das sind oftmals Engel oder Elementarwesen wie Feen oder Elfen, aber auch Energiearchitekten oder Inkarnationsbegleiter – hierzu später mehr. Diese Seelen helfen aktiv, die Balance im Universum aufrechtzuerhalten und sind oft mit den Menschen auf der Erde beschäftigt, indem sie ihnen Hilfestellungen leisten.

Es gibt auch Seelen, die sowohl eine bestimmte Seelenessenz, zum Beispiel die einer Fee, tragen und gleichzeitig einen bestimmten Stern als Heimat haben. Seelenessenz und Seelenheimat schließen sich gegenseitig also nicht aus, sondern können kumulativ existieren. Diese wundervolle Erkenntnis zeigt, dass wir alle eine diverse Palette an göttlichen Farben in unserer Seele tragen. Unsere Seele ist kein Zufallsprodukt, sondern vielmehr ein bewusstes Zusammenspiel hochfrequenter Energien.

In meinen Readings wird mir immer wieder gesagt, wie hilfreich es ist, die eigene Seelenheimat zu kennen. Das ist nicht essenziell, um glücklich zu sein, aber hilfreich. Und wir können in dieser menschlichen Inkarnation mit all ihren Emotionen jede Hilfe gebrauchen. Wenn du weißt, wo du herkommst, fällt es dir leichter zu bestimmen, wohin du gehen möchtest. Deine Seelenheimat gibt dir so viele Informationen über deine Stärken und Gaben. Diese kannst du nutzen, um deine Berufung zu finden oder dich selbst ein bisschen besser zu verstehen. Eine Marsseele ist viel feuriger und aktiver als eine Plejadenseele, eine Feenseele verspielter und freiheitsliebender als eine Seele, deren Heimat der Saturn ist. Wenn du wissen möchtest, welche Fähigkeiten deiner energetischen Seelensubstanz in dir schlummern, dann beschäftige dich mit deiner Seelenheimat. Ich selbst bin ein inkarnierter Engel, wie so viele Seelen aktuell auf unserer Welt. Ich war immer sehr sensibel, habe fremde Emotionen aufgesaugt wie ein Schwamm und hatte ein Mutter-Teresa-Syndrom, das mir in meiner Jugend viel Kraft raubte. Seitdem ich weiß, dass dies typische Merkmale einer Engelseele sind, fällt es mir leichter, diese nicht nur anzunehmen, sondern die helfenden und empathischen Fähigkeiten eines Engels aktiv nach außen zu tragen. Ich lernte, mich und meine Energien zu schützen und Grenzen zu setzen, weil ich in der Akasha Chronik herausfand, dass dies typische Lernaufgaben bei Erdenengeln seien. Kurz, die Kenntnis meiner Seelenheimat half mir, meine Seele besser kennenzulernen und meine Bedürfnisse und Fähigkeiten sowie meine Schwächen besser einzuschätzen, um sie in Stärken zu verwandeln.

Inkarnationen auf der Erde

Die meisten Seelen verbringen eine geraume Zeit in ihrer Seelenheimat, bevor sie weiterziehen und ihre Reise fortsetzen. Es gibt auch Wanderseelen, die nur ganz kurz in die Energie ihrer Heimat eintauchen, um ihre Frequenzen und Fähigkeiten aufzusaugen, ehe sie ihre Reise fortsetzen. Ihre Seelenreise gleicht der eines Nomaden, ohne sich jedoch heimatlos zu fühlen, weil sie jederzeit mit der universellen Quelle verbunden sind.

Eine Seele kann je nach Lernaufgabe, die sie sich selbst festgesetzt hat, andere Planeten und Sterne besuchen. Ein kurzer Aufenthalt auf Sirius, ein Ausflug zur Venus – viele Seelen entscheiden sich auch, hier auf der Erde zu inkarnieren. Die Erde ist ein besonderer Planet, weil in sehr kurzer Zeit viel gelernt werden kann. Das liegt an den Frequenzen und der gigantischen Emotionsbandbreite, die wir auf unserer Erde vorfinden: Es gibt sehr niedrige Frequenzen wie den Hass oder Neid und sehr hohe Frequenzen wie die Liebe oder Hoffnung. Die Gefühlsachterbahn eines menschlichen Lebens ist voller Lernaufgaben, weshalb die meisten Seelen hier mehr als eine Inkarnation verbringen, um möglichst viel in kurzer Zeit zu lernen. Im Vergleich zur Existenz einer Seele sind einige Hunderte von Jahren auf der Erde ein Wimpernschlag.

Wir inkarnieren also, um zu lernen. Und jeder weiß aus Erfahrung, dass ein Lernprozess immer stufenweise geschieht. Wir starten mit dem Grundwissen zu einer Problematik und arbeiten uns Stufe für Stufe hoch, bis wir ausgelernt haben. Möchten wir einen bestimmten Paartanz lernen, starten wir mit den Grundschritten und arbeiten uns durch verschiedene Schrittfolgen hoch zu den Königsdisziplinen dieses Tanzes. Wir feilen an unserer Technik, wir arbeiten an den Nuancen unserer Bewegungen.

Unsere Seele lernt ebenfalls stufenweise und diese Stufen sind unsere Inkarnationen, die energetisch eng miteinander verflochten sind. Tragen wir Wunden aus vergangenen Inkarnationen in uns, die in unserem aktuellen Leben Glaubenssätze oder Krankheiten auslösen, so können wir diese Wunden rückwirkend heilen und die Energiestaus, die infolgedessen entstanden sind, auflösen.

Glaubenssätze ziehen sich oft über mehrere Inkarnationen. Kommt ein Klient zu mir und möchte einen Glaubenssatz lösen, der seinen Ursprung im Mittelalter findet, so zeigt mir die Akasha Chronik auch alle anderen Inkarnationen dieser Seele, die mit dem Glaubenssatz zusammenhängen. Zwar startete er im Mittelalter des Klienten, wandelte sich jedoch im Laufe der nächsten Inkarnationen. Die Seele lernte dadurch viele Facetten dieses Glaubenssatzes kennen und diese früheren Inkarnationen helfen nun, den Glaubenssatz ganzheitlich besser zu verstehen. Menschliche Inkarnationen haben auch den großen Vorteil, dass wir bestimmte Informationen einfach vergessen können und so von Grund auf neu lernen dürfen. Eine Seele kann sich entscheiden, eine bestimmte Lernaufgabe wie das Lernen von Selbstliebe zu vertiefen oder aus einem anderen Blickwinkel heraus zu erkunden. Sie kann dies tun, ohne bereits das im früheren Leben Gelernte im Hinterkopf zu haben, was den Lernerfolg verfälschen könnte. Jede Inkarnation ist ein individualisierter Prozess voller Wachstumsmöglichkeiten im Geflecht eines energetischen Miteinanders. So kann ein Glaubenssatz ganzheitlich aufgelöst und der dahinterstehende Lernprozess Schicht für Schicht, Inkarnation für Inkarnation, bewältigt werden. In der ersten Inkarnation wird dann beispielsweise der physische Aspekt eines Glaubenssatzes geklärt, zum Beispiel dass eine Seele Schwierigkeiten mit ihrer Selbstliebe und deshalb Herzprobleme hat. In der darauffolgenden Inkarnation klärt sich der psychische Charakter des Glaubenssatzes zum Beispiel wie folgt: Nachdem die Herzprobleme im früheren Leben durch intensive Selbstliebe aufgelöst wurden, hat sich die Seele für einen narzisstischen Partner entschieden, um den psychischen Aspekt der Selbstliebe und Grenzziehung zu lernen. Deshalb kehren Glaubenssätze und Krankheiten oft wieder, nicht nur innerhalb einer Inkarnation, sondern inkarnationsübergreifend. Nur so schaffen wir es, jeden Aspekt zu heilen und über uns hinauszuwachsen.

Doch so, wie eine Seele Glaubenssätze von einer Inkarnation in die nächste tragen kann, um sie ganzheitlich aufzulösen, so nimmt sie ebenfalls Fähigkeiten mit, die sie mühsam in einer früheren Inkarnation gelernt hat. Das speichert die Seele in ihrem internen Bewusstsein, wodurch Talente zustande kommen. Ein Kind, das mit vier Jahren bereits Klavier spielen kann wie ein Profi, hat diese Fähigkeit im Zweifel durch viel Arbeit und Geduld in einem oder mehreren früheren Leben erlernt und sie in seiner Seelenweisheit gespeichert. Eine Seele reist auf der Erde also von Leben zu Leben. Sie lernt, sie lebt, sie zieht weiter mit ihrem magischen Koffer voller Gaben und Glaubenssätze, manche vielleicht noch gänzlich unentdeckt.

Die Erde hat eine, in menschlichen Augen, lange und reiche Geschichte. Im Laufe dieser existierten einige energetisch spannende Zeitalter, welche wir im spirituellen Jargon als »goldene Zeitalter« bezeichnen. Diese sind unter anderem Atlantis und Lemurien, aber auch Lentos – die Zeit von Jesus Christus und Avalon, die Zeit von König Artus. Viele Lichtarbeiterseelen inkarnierten in dieser Zeit, um die Fähigkeiten ihrer Heimatplaneten der Erde als Gaben darzubringen. Deshalb gab es in diesen Zeiten vermehrt Menschen, die hellsichtig und medial begabt waren. Im Gegenzug dazu steht das Mittelalter, in dem die wenigen medialen Menschen wie Tiere gejagt und auf dem Scheiterhaufen verbrannt wurden.

Kann eine Seele sterben?

Was passiert, wenn eine Seele ausgelernt hat und mit ihrer Arbeit im Universum fertig ist? Das habe ich in der Akasha Chronik nachgefragt und die Antwort war wunderschön.
Stelle dir vor, du bist Teil einer großen Familie. Du liebst diese Familie bedingungslos und bist immer mit ihr verbunden. Du begibst dich auf eine Reise, um zu lernen. Was machst du, nachdem du alle Erkenntnisse dieser Welt gesammelt hast? Du kehrst nach Hause zurück, um sie zu teilen.
Eine Seele stirbt nicht; sie entscheidet sich am Ende ihrer Existenz dafür, wieder ins Gesamtgefüge der universellen Energie zurückzufinden. Es ist das Ende ihrer individuellen Reise. Dadurch gibt sie all ihr Gelerntes als Energie an das gesamte Universum ab und das Universum wird noch liebevoller, noch hochfrequenter, noch allwissender. Deshalb profitieren wir alle davon, wenn jeder Einzelne von uns wächst und lernt. Deshalb gehören wir alle zusammen und dürfen uns gegenseitig unterstützen. Jeder Lernprozess jeder Seele in diesem Universum ist genauso wichtig wie unser eigener Lernweg. Wir arbeiten alle gleichzeitig am Herzschlag des Universums. Ich für dich und du für mich.

Ich möchte in diesem Buch meinen Beitrag zu dieser universellen Energie mit dir teilen – in Form von Worten und Botschaften, die mir liebevoll übermittelt und in meinen Akasha Chronik Readings von Engeln oder Geistführern zugeflüstert wurden. Ich möchte all diese theoretischen Worte von vorhin mit Leben und Farbe füllen und dir zeigen, wie wundervoll die Arbeit mit der Akasha Chronik und der geistigen Welt ist. Dir anhand menschlicher Geschichten, die aus dem Leben gegriffen wurden und doch fantastisch wirken, Impulse für deine eigene Geschichte geben. Jeder Geschichte folgt eine wundervolle Übung, die ich ebenfalls aus der Akasha Chronik empfangen habe und die du ohne viel Vorbereitung einfach zu Hause nachmachen kannst.

Bevor wir starten, möchte ich dir noch eine wichtige Energie vorstellen. In meinen Readings erscheint mir immer wieder meine Geistführerin Lady Nada. Geistführer sind spirituelle Lehrer, die den Menschen in ihrer irdischen Inkarnation zur Seite stehen. Jeder Mensch hat immer einen Hauptgeistführer, der ihn einen bestimmten Wegabschnitt in seinem Leben begleitet und ihm beim Wachsen hilft. Lady Nada ist meine Geistführerin. Sie führt mich oft durch die Antworten, nach denen ich suche, und unterstützt mich mit ihrer Liebe und ihrer Weisheit in meinem Tun. Sie ist eine aufgestiegene Meisterin – also eine Seele, die als Mensch auf der Erde mehrfach inkarniert war und jegliches Karma und Lernaufgaben gelöst hat, sodass sie nun als spirituelle Lehrerin und Meisterin den Menschen auf der Erde zur Seite steht. Ich bin eine ihrer zahlreichen Schüler und wir hatten in Atlantis einen ersten Kontakt, da sie dort als Hohepriesterin tätig war und ich bei ihr gelernt hatte. Sie wird in diesem Buch immer wieder vorkommen und mit dir heilsame Worte teilen. Du kannst sie dir wie einen blonden Engel in einem rosafarbenen Gewand vorstellen und mit einer Energie voller Liebe und Sanftmut.

Du darfst die folgenden Geschichten in der Reihenfolge lesen, in der sie hier geschrieben stehen. Du kannst aber auch intuitiv die Geschichte wählen, die gerade mit dir resoniert. Vielleicht brauchst du ihre Botschaft jetzt ganz besonders.

Kapitel 3

Akasha Stories

Jeder Mensch ist ein Geschichtenerzähler. Wir haben alle bereits Fantastisches erlebt, im Großen und Kleinen. Wenn man dann noch über den Tellerrand der aktuellen Inkarnation hinausblickt, findet man eine bildgewaltige Bibliothek – Bände über Bände zahlreicher Lebensbücher deiner vergangenen Ichs, die nur darauf warten, endlich gelesen zu werden.

In der Akasha Chronik lausche ich daher unglaublich gerne den Geschichten jener Seelen, die zu mir kommen. Ich teile mit dir auf den folgenden Seiten die Erzählungen, die mich zutiefst berührt haben, aus denen ich viel lernen durfte und die mich im Alltag mit ihrer Weisheit noch Jahre später begleiten.

Akasha Stories zu Beziehungen

Auch wenn die moderne Welt den Individualismus bis in den Himmel lobt, eine Wahrheit bleibt: Wir brauchen Beziehungen zu anderen Menschen. Wir brauchen den energetischen Austausch, der durch Worte, Berührungen, Blicke und Gesten entsteht. Durch sie entspringen Magie und Liebe, aber auch Herzschmerz und Spannungen – das volle Spektrum menschlicher Gefühle. Und diese sind wie die Hefe im Brot: Sie beschleunigen unser Wachstum und das Kennenlernen der eigenen Bedürfnisse und Seelenwünsche. Mit einer gesunden Prise Reflexion lernen wir aus jeder Beziehung genau das, was sie in uns bewirken sollte. Eine Beziehung ist ein energetisches Band zwischen zwei Menschen. Blicken wir auf all die Beziehungen, die wir im Alltag fühlen, merken wir schnell, wie unterschiedlich all diese Bänder sind. Eines fühlt sich an wie zarte Seide, ein anderes wie ein Sicherheitsseil, wieder ein anderes wie eine schwere Eisenkette.
Lass mich dir also meine Geschichten erzählen: Es folgen Geschichten echter Menschen, die mich um ein Reading baten und für die ich in der Akasha Chronik nach Antworten fragte. Geschichten über Menschen, die lieben, streiten und wachsen.

Die Ehe als Gladiatorenarena

Jede Beziehung, die wir führen, ist uns ein Spiegel. Manchmal ist der Spiegel ein bisschen verschmutzt und es dauert einige Jahre, bis wir erkennen, was wir aus einer Beziehung eigentlich lernen dürfen. Gelegentlich aber sehen wir die Reflexion unserer Lernaufgabe sehr klar in der anderen Person. Wir stehen dann vor ihr und entdecken in ihren Handlungen und Emotionen das, was wir in uns selbst bearbeiten oder auflösen dürfen. Wenn ich mich mit meinem Lieblingsmenschen streite, frage ich mich daher innerlich immer:

Was willst du mir spiegeln, liebe Seele?

Je näher uns eine Person steht, desto stärker ist diese Spiegelwirkung. Und das ist wunderbar! Wir leben mit diesem wundervollen Menschen auf engstem Raum zusammen und nur durch gemeinsames Arbeiten an Konflikten, an Glaubenssätzen und Erwartungen entstehen in einer Beziehung Vertrauen, Unterstützung, Verständnis und ein solides Fundament an Liebe. Streit gehört in einer gesunden Beziehung dazu, wie das Salz zur Suppe. Doch wenn ein Streitpunkt immer und immer wieder auftaucht und wie ein chronisches Leiden trotz beiderseitigen Bemühungen nicht verschwinden will, lohnt sich ein energetischer Blick hinter die Kulissen.
So kam Sabrina eines Tages zu mir und diese Begegnung schenkte mir den Einblick in eine sehr spannende vergangene Inkarnation.
Sabrina war verheiratet und ihre Ehe war getrübt durch häufiges Streiten. Sie bat mich, in der Akasha Chronik nach der Ursache ihrer Streitereien zu fragen, und nach Übungen oder Tipps, wie sie ihre Beziehung wieder harmonisieren könne. Sie schilderte mir, dass die Streitigkeiten mit ihrem Mann sich für sie immer wie ein Kampf anfühlten, wie ein stetiges Gegeneinander statt ein konstruktives Miteinander. Also bat ich die Akasha Chronik um die Antwort auf ihre Frage. Kaum war ich mit der Chronik verbunden, zeigte sich mir bereits ein visueller Film. Es war, als würde ich den Fernseher anschalten und direkt mitten in einer

alten römischen Sportveranstaltung landen. Ich blickte auf eine Gladiatorenarena im antiken Rom. Männer kämpften bis zur Erschöpfung oder zum Tod und die Menschenmasse um sie herum jubelte. Es waren sehr brutale Bilder und eine noch brutalere Energie, die ich wahrnahm. Es ist ein Segen, dass man als Medium in der Akasha Chronik diese Energien immer mit einer gewissen »Distanz« wahrnimmt, um nicht direkt von ihnen überwältigt zu werden. Der Geruch von Schweiß und Blut lag in der Luft, die Sonne prallte auf die armen Kämpfer nieder, während sich die Zuschauer an diesen Gewaltbildern ergötzten. Und es war fürchterlich laut dort. Zuerst dachte ich, dass Sabrina einer der Gladiatoren war, doch dann vernahm ich dicht hinter mir eine tiefe, männliche Stimme. Erst jetzt bemerkte ich, dass ich selbst auf der Zuschauertribüne saß, auf der die reicheren Kaufleute der römischen Welt auf diese Kämpfe hinuntersahen. Hinter mir saß die frühere Inkarnation meiner Kundin und die ihres Mannes. Sie gehörten beide dem römischen Adel an, die auf jeweils unterschiedliche Gladiatoren gewettet hatten. Zwischen beiden herrschte eine angespannte Atmosphäre und ich spürte, dass viele unausgesprochene Gefühle und Worte auf beiden Seelen lasteten. Sie hatten auch außerhalb der Arena beruflich miteinander zu tun und stießen hier immer wieder aneinander. Mal verkaufte der eine seine Waren deutlich besser, mal gelang es dem anderen, mehr Profit und Ansehen zu erzielen. Das rieben sie sich gegenseitig ständig unter die Nase. Beide Männer hätten viel voneinander lernen können, hätten sie ihre Differenzen beiseitegelegt und ihre Kräfte symbiotisch vereint. Sie waren beide schlau, beide ehrgeizig, doch das »Unausgesprochene« schwebte zwischen ihnen wie eine Mauer in der Luft.

Anstatt selbst gegeneinander zu »kämpfen«, ihre Streitigkeiten auszutragen und die dicke Luft zu lösen, ließen sie »ihre« Gladiatoren unten in der Arena gegeneinander kämpfen. Sie führten also Stellvertreterkämpfe. Diese Stellvertreterkämpfe waren für sie heute immer noch aktuell. Nur waren die Stellvertreter in ihrer aktuellen Inkarnation und Ehe keine Gladiatoren, sondern ihre Berufe. Ich sah dann zwei Bilder parallel vor meinem geistigen Auge: auf der einen Seite die Gladiatoren, die gegeneinander kämpften, sowie Sabrina und ihren Mann, wie sie als Römer darüber stritten, welcher Gladiator der »bessere« sei. Auf der anderen Seite sah ich ebenfalls Sabrina und ihren Ehemann, wie sie beide in ihrem Wohnzimmer standen und darüber stritten, wer den besseren Beruf habe, welcher Beruf der wichtigere sei. Und zwischen den lauten Worten und der großen Gestikulation hörte ich ein leises Flüstern. Ganz unscheinbar und doch sehr deutlich, wenn ich mich darauf konzentrierte, hörte ich das »Unausgesprochene« zwischen den beiden Menschen.

Ich möchte von dir gesehen werden. Geliebt werden. Geschätzt werden. Ich möchte, dass du stolz auf mich bist, weil es mir schwerfällt, stolz auf mich selbst zu sein.

Ich schilderte Sabrina all die Bilder und Botschaften, die ich für sie empfangen hatte. Ich erzählte ihr, dass sie mit den Stellvertreterkämpfen aufhören dürfe, und gab ihr auch die Lösung dieses Problems aus der Akasha Chronik mit: die direkte Seelenkommunikation.

Kommunikation auf der Seelenebene

Hierzu ein kleiner Exkurs: Menschen haben eine sehr facettenreiche Energie. Wir besitzen alle viele verschiedene Charakterzüge, welche wie Facetten eines hochkarätigen Diamanten je nach Licht und Laune unterschiedlich funkeln können. Wir können uns im ersten Moment ganz anders verhalten als im nächsten. Wir sind in einem Moment superemotional und einige Minuten später wieder komplett nüchtern. Wir haben eine leuchtende Seele, die in einer Welt voller Polaritäten steckt, auf der Suche nach unserer eigenen Wahrheit zwischen Schwarz und Weiß. Wir sind vielen Außeneinflüssen ausgesetzt, die uns jeweils versuchen, in ihre Richtung zu ziehen, und auf der Suche nach unserer eigenen Authentizität. Wir fühlen uns deshalb oft durcheinander und natürlich kommunizieren wir dementsprechend – zumindest auf materieller Ebene. Über dieser irdischen Kommunikationsebene jedoch, die oft von Ego und Emotion, von Fremdenergien und Alltagssorgen gefärbt ist, liegt die Seelenebene. Diese Ebene ist frei von all dem, was ich gerade beschrieben habe. Dort sind nur die reinen Seelen zu finden, die alle in Liebe zueinander existieren. Wenn wir versuchen, auf Seelenebene zu kommunizieren, adressieren wir also nicht den emotionalen Menschen vor uns, sondern die echte, authentische Seele dieses Menschen. Wir wenden uns daher direkt und unmittelbar an die Essenz unseres Gegenübers.

Genau diese Ebene dürfe Sabrina energetisch im nächsten Streit adressieren. Ihre Seele sollte mit der Seele ihres Partners sprechen. Ich fragte weiterhin in der Akasha Chronik nach, wie genau sie das bewirken könnte. Es klingt zwar unglaublich schön und romantisch, doch wie genau wende ich mich an die Seele einer anderen Person?

Die Antwort der Chronik war schlicht: durch echte, ehrliche Worte. Wie richtiges Streiten ist auch Heilung nur *unmittelbar* und *direkt* möglich, nicht durch einen mittelbaren Stellvertreter. So entsteht eine klare und vor allem echte Kommunikation, in der beide Seelen das vortragen können, was sie wirklich empfinden. Sie wechseln dann von der materiellen Ebene ihrer Kommunikation in die Seelenebene. Das ist oft leichter gesagt als getan. Aber wenn wir etwas verändern möchten, von Grund auf transformieren wollen, müssen wir unsere Komfortzone verlassen. Ich gab ihr aus der geistigen Welt mit, dass sie beim nächsten anstehenden Machtkampf gedanklich einen Schritt zurückgehen und sich eine wichtige Frage stellen solle:

Worum geht es mir in diesem Streit wirklich?

Geht es mir darum, zu beweisen, welcher Beruf wichtiger ist? Oder wünsche ich mir, dass wir uns gegenseitig nicht mehr beweisen müssen, dass wir es beide wert sind, geliebt zu werden? Vielleicht möchte ich ihm meine nackte Seele zeigen, damit er mir seine offenbart und wir uns endlich so sehen, wie wir wirklich sind. Mit all unseren Stärken und Schwächen.
Sabrina dürfe versuchen, all ihre Gedanken zu formulieren, und so auf Seelenebene mit ihrem Partner kommunizieren, ohne in hitzige Emotionen zu verfallen. Falls ihr das schwerfiele, solle sie ihre Gedanken vorab niederschreiben und dann ablesen. Auch wenn diese »Briefmethode« oft belächelt wird, wirkt sie wunderbar! Ich kann einer anderen Person meine Gedanken nicht klar übermitteln, wenn diese Klarheit bei mir selbst noch gar nicht vorhanden ist. Klarheit wird durch Struktur erzeugt und diese Struktur geschieht im Kopf automatisch, wenn wir uns dazu zwingen, etwas zu Papier zu bringen. Sabrina dürfe sich zur Hilfe auch einen Bergkristall in die Hand nehmen, denn der Bergkristall stärke jene Klarheit und Weitsichtigkeit bei Problemen. Diese Kommunikation auf direkter Seelenebene würde zu einem Ende der Stellvertreterkämpfe führen und ein echtes Kennenlernen beider Seelen ermöglichen.
Sabrina war sehr dankbar für die Tipps und Erklärungen. Sie bestätigte mir nach dem Reading, dass das Berufsthema immer wieder der Startpunkt kleiner und großer Querelen zwischen ihr und ihrem Mann sei und die römische Inkarnation sehr stark mit ihr resoniere. Sie fühlte die Stellvertreterkämpfe im Alltag deutlich und freute sich darüber, nun deren energetischen Hintergrund zu kennen.

Jede Beziehung ist eine Reise und jede Reise hat Höhen und Tiefen. Irgendwer begeht einen Fehler, es entsteht Misskommunikation und – zack – ein Streit entsteht. Im Idealfall versöhnen wir uns so schnell, wie wir uns gestritten haben. Ich möchte dir im Anschluss an diese Geschichte eine Übung mitgeben, die dir energetisch hilft, solltest du dich in einer Streitsituation wiederfinden.

Akasha Übung: Harmoniewirbel

Erinnere dich an deinen letzten Streit. Wie hat sich die Energie vor dem Streit und wie nach dem Streit für dich angefühlt? Die Luft ist nach einer Auseinandersetzung oft sehr dick. Das liegt daran, dass niedrigfrequente Energien wie Wut und Frust, die in einem solchen Streit ausgetauscht werden, immer noch in der Luft und zwischen den beiden Streitenden hängen. Die niedrigfrequenten Worte, die in einem Disput ausgetauscht werden, setzen sich wie Bausteine zu einer Mauer zwischen den beiden Personen zusammen und verdichten sich. Du kannst diese Energien mit einem energetischen Luftwirbel auflockern. Sie sind dann weniger dicht und die Versöhnungsenergie, die durch unsere Liebe zur anderen Person im Nachgang eines Streits entsteht, kommt besser an sie heran. Diese Übung eignet sich während eines Streits oder danach.

So geht die Übung:

1. Befindest du dich gerade in einem aktuellen Streit, warte für diese Übung einen Moment ab, in dem der

Streit kurz verbal pausiert wird. Versuche dich dann gedanklich zu beruhigen. Atme hierfür tief und langsam durch die Nase ein und durch den Mund wieder aus. Du atmest damit automatisch alle niedrigen Energien aus, die sich in deinem Kopf während des Streits angestaut haben, und beruhigst dein gesamtes Energie- und Nervensystem. Wiederhole diese Atemtechnik so lange, bis du das Gefühl hast, dich etwas vom Streit distanziert zu haben. Starte dann die Übung.
Ist der Streit bereits vorbei, suche dir einen ruhigen und geschützten Ort. Setze dich hin und schließe für diese Übung deine Augen. Atme tief durch die Nase ein und durch den Mund langsam wieder aus. Stelle dir dann im Kopf die vergangene Streitsituation vor, ohne dich emotional hineinzubegeben.
2. Visualisiere nun zwischen dir und der anderen Person einen energetischen rosafarbenen Wirbel, der aus dem Nichts wie ein kleiner Tornado entsteht.
3. Dieser Tornado wirbelt die dicke Streitluft zwischen euch auf und lockert alle Gefühle und verletzenden Worte auf, die gesprochen wurden. Spüre hinein, wie sich die dicke Luft nach und nach auflöst und die Energien immer weiter werden. Dieser Wirbel bewirkt eine magische Veränderung. Die engen Maschen der energetischen Wand zwischen euch werden durchlässiger. Beobachte dieses Geschehen aufmerksam.
4. Wenn du das Gefühl hast, die Energien aufgelockert zu haben, lasse die rosafarbene Energie des Wirbels die Streitenergien zusätzlich mit Liebe und Harmonie energetisieren. Stelle dir hierfür vor, wie sich beim Durchwirbeln die dicken Streitenergien ebenfalls zartrosa färben und sie sich dadurch sanfter und leichter

anfühlen. Du wirkst merken, wie alles energetisch ruhiger und weiter wird und sich wie ein sanfter Nebel nach und nach auflöst.

Diese Übung hat eine Doppelwirkung. Der Wirbel lockert nicht nur die dichte Mauer zwischen euch energetisch auf, durch die Energetisierung mit der Farbe Rosa transformierst du zusätzlich alle niedrigen Frequenzen dieses Streits in Liebe und erhöhst sie. Du wirst nach dieser Übung bereits eine deutliche Veränderung in deiner eigenen Energie wahrnehmen. Du wirst dich leichter und friedlicher fühlen. Ein Streit ist jedoch keine Einbahnstraße, er berührt immer beide Parteien. Wie schnell die veränderten Energien bei der anderen Person wirken, kommt ganz darauf an, wie umfangreich ihr Unterbewusstsein die neuen, positiv transformierten Harmonieenergien erkennt und auf sie reagiert. Meiner Erfahrung nach bewirkt diese Übung selbst bei einer sehr zurückhaltenden und in sich gekehrten Person sehr viel und ich erkläre dir, warum:
Stelle dir vor, du findest dich in einem Raum wieder, in dem alle Menschen mürrisch und genervt sind. Automatisch ziehen dich diese Energien runter. Du senkst deine eigene Frequenz, wenn auch nur minimal. Befindest du dich in einem Raum, in dem die Menschen glücklich und in Liebe sind, wirkt das im wahrsten Sinne des Wortes ansteckend und du hebst deine eigene Frequenz an. Die Glücksgefühle um dich herum haben eine unmittelbare Auswirkung auf dich und dein Wohlbefinden. Transformierst du also die Streitenergien zwischen euch und erhöhst ihre Frequenz, kommen beide Streitparteien mit positiven Energien in Berührung. Und das wirkt sich harmonisierend auf euch beide aus.

Sklave der Freundschaft

Ich habe eine kleine Lieblingsecke in meinem Büro, direkt an meinen großen Sprossenfenstern und geliebten Zimmerpflanzen. Dort sitze ich oft mit einer heißen Tasse Dinkelkaffee in der Hand und sinniere vor mich hin. Ich wälze dabei nicht die klassischen großen Fragen »Wer bin ich?« oder »Wo komme ich her?« in meinem Kopf herum – diese Antworten kenne ich seit meiner Arbeit mit der Akasha Chronik bereits, sondern ertappe mich immer wieder bei der Frage, warum das Menschsein manchmal so anstrengend ist. All diese Gefühle und ihre schrecklich schönen Komplikationen, aus denen wir immer wieder lernen und aufs Neue an uns wachsen dürfen, überfordern auch mich manchmal. Ich weiß, dass ich damit nicht allein bin und dass es in der Natur des Menschen liegt, die Vielfalt der menschlichen Emotionen auszuleben. Deshalb sind wir doch alle als Menschen inkarniert! Wir wussten, dass wir einen großen Teil unseres Wissens und unserer Seelenerfahrung aktiv vergessen werden, um unsere Fähigkeiten und Lernaufgaben hier auf der Erde neu zu entdecken und zu vertiefen. Wir wussten auch, dass die Erde energetisch intensiv und kein reiner Urlaubsaufenthalt ist, sondern vielmehr eine Wanderung mit Höhen und Tiefen, aber immer voller Zauber. Wir inkarnierten als reine Seele in einen menschlichen Körper, dem wir durch unser Seelenlicht im Bauch unserer Mutter beim Wachsen halfen und mit ihm energetisch verschmolzen. Unsere Seele ist pure hochfrequente Energie, die einfach nur ihre Fähigkeiten und Talente auf der Erde ausleben und bereitwillig lernen möchte. Sie wurde mit unserem ersten Atemzug einem Feuerwerk an unterschiedlichen irdischen Frequenzen ausgesetzt, auf welche sie je nach Lernweg unterschiedlich reagiert. So kommt unsere Wahrnehmung von Gut und Böse zustande, welche energetisch übersetzt die Unterscheidung zwischen hochfrequent und niedrigfrequent ist.

Während also die Seele an sich hochfrequent ist, bedeutet dies, dass der Mensch (also die Seele im menschlichen Körper) von Natur weder böse noch gut ist. Es bedeutet nur, dass er als inkarnierte Seele mit einer bestimmten Energie ausgestattet ist, die durch die verschiedenen Erdfrequenzen auch unterschiedliche Ausprägungen annehmen kann. Eine Seele, deren Seelenheimat der Planet Mars ist, kann sehr leidenschaftlich und voller Motivation sein; sie kann mit ihrem Feuer aber auch dazu neigen, jähzornig oder leicht wütend zu werden. Je nachdem, wie viel diese Seele bereits in ihren menschlichen Inkarnationen gelernt hat, wie viel sie von ihrer göttlichen Seelenessenz aktiv zulässt, kann sie negative Frequenzen und Emotionen viel besser kontrollieren und heilen als eine Seele, die zum ersten Mal mit dieser emotionalen Vielfalt konfrontiert wird.

All das versuche ich immer im Hinterkopf zu behalten, wenn ich auf Menschen treffe, die schwierig sind, oder wenn ich die Dinge reflektiere, die auf unserer Welt geschehen. Es ist manchmal ein großer, manchmal ein kleiner, aber immer ein Trost.

Toxische Freundschaften

Mit einem ähnlichen Gefühl ging ich in Annettes Reading. Sie bat mich darum herauszufinden, wie sie sich von ihren toxischen Freundschaften lösen könne. Ich glaube, ich lehne mich nicht allzu weit aus dem Fenster, wenn ich behaupte, dass jeder Mensch bereits das eine oder andere Mal ausgenutzt wurde. Vielleicht wurde auch deine Hilfsbereitschaft und Güte in der Vergangenheit missbraucht, oder du steckst selbst in einer toxischen, kraftraubenden Beziehung. Jeder kennt dieses Gefühl.

Annette war Mitglied einer Mädelsclique. Seit Schulzeiten unternahmen die vier Freundinnen viel zusammen und was noch in Leichtigkeit und Jugend gestartet war, hatte sich drastisch verändert. Da Annette sehr empathisch ist und immer ein offenes Ohr für andere hat, wurde sie von ihren Freundinnen seit einigen Jahren nur angerufen, wenn diese sich über etwas oder jemanden beschweren oder lästern wollten. Die drei anderen Frauen meldeten sich also nur bei ihr, um ihren seelischen Ballast bei Annette abzuladen. Mal war es die Schwiegermutter, über die sich beklagt wurde, mal der Arbeitgeber, der den Urlaub nicht genehmigen wollte. Es war immer persönlich und hatte nie etwas mit Annette selbst zu tun. Sie zeigte mir Screenshots einiger Messengernachrichten und ich bekam das mentale Bild einer Mülldeponie. Denn genau so fühlte sich dieser Chatverlauf an: Jede Nachricht war ein einziges Sich-Beschweren über die Ungerechtigkeiten der Welt. Annette steckte in einer co-abhängigen Beziehung und wollte sich hieraus lösen.

Ich fragte in der Akasha Chronik zuerst nach dem Ursprung dieser Freundschaftsbeziehung und spürte augenblicklich eine Hitze, die durch mein Hellfühlen in mir aufstieg. Ich fühlte Sand zwischen meinen Zehen und eine pralle Mittagssonne, die mir direkt ins Gesicht schien. Es war sehr warm, wo auch immer ich gelandet war. Dann sah ich Annette. Sie war ein männlicher Sklave im alten Ägypten, der schweißgebadet vor den gierigen Augen seines Herren schuftete. Sklaverei war damals ein fester Bestandteil der ägyptischen Gesellschaft. Der Sklave war durstig und unglücklich, doch er machte mit seiner Arbeit weiter. In Ketten zog er eine Art Lastenkarren aus Holz mit Werkzeugen und schweren Baumaterialien seines Herren, während dieser voran auf einem Esel ritt. Mir fiel sofort auf: Annettes vergangene Inkarnation zog im wahrsten Sinne des Wortes fremde Lasten. Ich sah die Parallelen zwischen ihrem aktuellen und damaligen Leben und fragte in der Akasha Chronik nach, was damals geschehen sei. Die Engel antworteten mir, dass Annette als Sklave ihren Lebenssinn allein im Tragen der Lasten anderer sah. Dieser Sklave, den ich vor meinem geistigen Auge hart in der heißen Mittagssonne arbeiten sah, fühlte sich nur existenzberechtigt und gebraucht, wenn er seinen Aufgaben nachkam und diente. Er war das Eigentum seines Herren und durfte keine eigene Energie oder gar eine eigene Meinung besitzen. Er wurde gebraucht, verbraucht und missbraucht. Die Seelenenergie dieses Sklaven war gedimmt und kaum wahrnehmbar, so sehr hielt er seine Authentizität und sein Licht zurück.

Ähnlich erging es Annette aktuell mit ihrer Freundesgruppe. Sie trug für die anderen Damen zwar keine physischen Lastenkarren, doch ihre Freundinnen luden bei ihr regelmäßig alle psychischen Lasten ab. Diese waren unsichtbar und somit um einiges gefährlicher, da man nicht sehen konnte, wie viel Gewicht Annette bereits zu tragen hatte. Zudem fiel es ihr Last für Last schwerer, sich von dieser Co-Abhängigkeit zu trennen, weil sie immer das Gefühl hatte, sie müsse als »gute Freundin« das ständige Gemecker er*tragen* und sich so ihren Platz in dieser Freundschaft erarbeiten. Ich spürte, dass sich ihre Seele dazu entschieden hatte, die Energien dieser Sklavenzeit mit in ihre aktuelle Inkarnation zu nehmen – aber warum? Das moderne 21. Jahrhundert ist energetisch ein spannender Fleck in der Zeitgeschichte. Wir schreiten immer mehr in Richtung eines neuen Zeitalters – eines Zeitalters, in dem Authentizität und Herzenergien dominieren dürfen und unser inneres Licht heller denn je in die Welt hinausstrahlen soll. Das Leben der eigenen Authentizität geschieht jedoch nicht von heute auf morgen, sondern findet vielmehr durch Wachstum und Wandel statt. Dieser Wandel sei der Grund, warum Annettes Seele all die Gefühle und energetischen Altlasten ihrer Sklaveninkarnation nun gespiegelt bekam: um an ihnen zu arbeiten, sie zu überwinden und zu heilen. Nur so würde sie es schaffen, gänzlich in ihrem eigenen Licht zu erstrahlen.

Sie hatte aufgrund ihrer selbstaufopfernden Energie diesen toxischen Freundeskreis in ihr Leben gezogen, um Selbstliebe und das Setzen gesunder Grenzen zu lernen. Und plötzlich sah ich in der Akasha Chronik diesen Wandel ganz deutlich. Annettes Sklavenenergie, die vor einigen Sekunden noch leblos und grau erschienen war, leuchtete in einem sanften, aber mutigen Rosaton. Ich sah, wie Annette erkannte, dass sie eine starke Seelenenergie besitzt, die voller Liebe und Mitgefühl zu anderen Menschen ist. Eine Seelenenergie, die sich im toxischen Umfeld ihrer aktuellen Freundschaft in einer kraftraubenden Abhängigkeit verfangen hatte. Sie durfte und wollte endlich lernen, eigene Grenzen zu setzen, und diese Freundschaft sei ihre abschließende Lernaufgabe. Wenn wir uns von toxischen Beziehungen lösen möchten, ist es wichtig, mit dem Finger nicht nur in Richtung der anderen Person zu zeigen. Denn auch wenn es der gemeine Charakter und der unfreundliche Umgang der anderen Person war, die uns verletzten, dürfen wir erkennen, dass zu einer energetischen Beziehung immer zwei Parteien gehören. Eine wichtige Frage, die wir uns in diesem Zusammenhang immer stellen dürfen, ist:

Warum bin ich immer noch im Leben (und in der Energiesphäre) dieser anderen Person, wenn sie mir offensichtlich nicht guttut?

Hier dürfen wir uns vielleicht selbst eingestehen, dass wir deshalb noch mit der anderen Person befreundet sind, weil wir nicht einsam sein möchten. Oder wir haben Angst vor Veränderung. Vielleicht genießen wir es auch ein bisschen, in der Opferrolle zu sein. Vielleicht gehört diese Person zu unserer engen Verwandtschaft und wir möchten aufgrund unseres Harmoniebedürfnisses den Familienfrieden nicht gefährden. Wichtig ist, dass wir den wahren Grund erkennen, warum wir immer noch energetisch mit dieser Person verbunden sind. Denn wir können mit einer anderen Person nur aus eigenem Willen verbunden sein, egal, welche Ausgestaltung dieser Wille hat. Hast du deinen Grund gefunden und bist du bereit, ihn abzulegen und zu heilen, so kannst du anfangen, dich aus der Beziehung zu lösen.

Ich erzählte Annette von dem Einblick in ihre Sklaveninkarnation und sie verstand sehr schnell den Zusammenhang zwischen damals und heute. Sie merkte, dass sie deshalb immer noch Teil der Freundesgruppe war, weil sie ihren Selbstwert hiernach bestimmte. Sie fühlte sich geliebt und wichtig, wenn sie die Meckereien wie ein Schwamm aufsog, und hatte Angst, dieser Wert könnte schwinden, wenn sie Grenzen setzte. Diese Selbstrealisierung war essenziell.

Der erste Schritt zur Lösung bestand für sie dann darin, die energetischen Sklavenketten, die sie immer noch trug, abzulegen. Sie dürfe für sich beschließen, ihre alte Rolle in der Freundschaft aufzugeben und durch eine neue Rolle zu ersetzen. Anstatt der Mülleimer für Gemecker und Gemoser zu sein, dürfe sie die Liebe einfordern, die sie selbst ständig gab. Erst dann könne sie mit ihrer neu gewonnenen Klarheit dies auch ihren Freundinnen gegenüber energetisch vermitteln. Denn Klarheit im Innen erzeugt Klarheit im Außen.

Der zweite Schritt bestünde dann darin, bewusst »Nein« zu sagen. Sie dürfe ihren Freundinnen liebevoll, aber deutlich zu verstehen geben, dass sie nicht nur angerufen werden möchte, wenn es Anlass für Meckereien gibt. Ein bewusstes energetisches »Nein« ist wie Dünger. Beim Ausstreuen pikiert es vielleicht einige Nasen oder sorgt für Empörung, doch es birgt unglaublich viel Wachstumspotenzial. Durch diese Grenzsetzung gebe Annette den Seelen ihrer Freundinnen die Möglichkeit, die Freundschaft gemeinsam zu transformieren und zu stärken.

Doch jede Seele hat ihre individuelle Seelenentwicklung und so könne es passieren, dass die anderen Seelen der Freundesgruppe noch nicht bereit für eine solche Entwicklung seien. Dies solle Annette aber nicht entmutigen. Aufgrund ihrer veränderten Energie werde sie neue, gesunde Freundschaften anziehen und ihre Liebe werde dort auf fruchtbaren Boden treffen.

Die Engel übermittelten mir weitere Hilfsmittel, wie Annette zu ihrer Selbstliebe und Unabhängigkeit finden würde. Sie dürfe einen Rosenquarz und Aquamarin in dieser Zeit der Transformation als ständigen Begleiter in Form einer Kette oder eines Armbands dicht am Körper tragen. Mit einer bestimmten Breathwork-Technik solle sie sich außerdem durch ein bewusstes, kraftvolles Ausatmen täglich in der Früh vorstellen, wie sich ihre Ketten lösen und sie in Leichtigkeit ihren Tag startet.
Annette war nach dem Reading sehr erleichtert. Natürlich spürte sie, dass es nicht leicht werden würde, sich »einfach so« von den Menschen zu trennen, mit denen sie jahrelang befreundet war. Aber allein die Kenntnis, warum sie sich so schlecht in dieser Gruppe fühlte, löste bereits die ersten energetischen Knoten in ihrem Energiekörper. Denn sie bewirkte eine Klarheit, an der sie sich orientieren konnte.
Kennen wir das »Warum«, fällt es uns leichter, das »Wie« umzusetzen.

Akasha Übung: Goldene Ahnenkette

Haben wir Streit mit Personen, die uns nahestehen, so können wir diese belastenden Energien meist durch ein klärendes Gespräch auflösen. Was aber sollen wir tun, wenn diese Person nicht mehr unter uns weilt? Wenn wir fremden Ballast durch unseren Alltag tragen, der eigentlich Jahrhunderte vorher von unseren Ahnen immer weitergegeben wurde?
Oftmals sind das traumatische Ereignisse der Kriegsjahrgänge, die energetisch an die Kinder und Enkel weitergegeben wurden. Aber auch andere familiäre Muster und Verletzungen werden manchmal unterbewusst weiterver-

erbt und können sich über viele Generationen hinweg auswirken. Wenn du jemanden kennst, der ein Ahnenthema mit sich herumträgt oder du selbst das Gefühl hast, deine Ahnenlinie bräuchte Heilung, dann möchte ich dir diese wundervolle Übung zeigen. Die Energien der Erde bewegen sich stetig in die Richtung eines neuen Zeitalters. Deshalb geschieht zurzeit viel Heilung im Feld. Diese Heilung findet aber nicht nur in den Körpern der Lebenden statt, sondern auch in den Energien der Toten. Daher fällt es uns – im Vergleich zu unseren Ahnen – viel leichter, unsere Ahnenlinie zu heilen. Das ist auch wichtig, damit unsere zukünftigen Generationen, unsere Kinder, Enkel und Urenkel den Ballast der Vergangenheit nicht mit ins goldene Zeitalter tragen müssen. Wir haben uns bewusst für diese aktuelle, energetische Zeit entschieden und dürfen ihre Kraft nutzen, um der Erde beim Aufstieg in die nächste Dimension zu helfen – und zwar mit leichtem Gepäck.

Diese Übung wurde mir von meinen Engeln in einem weiteren Akasha Chronik Reading übermittelt, in dem eine Kundin die Aufgabe erhielt, ihre Ahnenreihe zu heilen. Sie dürfe die Energien ihrer Ahnen klären und so nicht nur die Glaubenssätze heilen, die von Generation zu Generation bis an sie selbst weitergegeben wurden. Sie dürfe ebenso den Seelen ihrer Ahnen helfen, alte Energien zu reinigen, damit diese ihre künftigen Lernaufgaben leichter meistern können. Du darfst diese Übung daher auch durchführen, wenn du einfach nur deinen Ahnen Wertschätzung entgegenbringen möchtest. Sie stärkt und heilt die Verbindung, die zwischen euch allen besteht. Sie heilt auch das, was du möglicherweise bereits an deine Kinder weitergegeben hast.

Diese Übung eignet sich aber nicht nur für die Ahnenheilung – du kannst dir anstatt deiner Ahnenreihe auch eine beliebige Personengruppe vorstellen, die mit dir in diesem Sitzkreis heilt.

So geht die Übung:

1. Suche dir einen Ort, an dem du ungestört bist und es dir gemütlich machen kannst. Setze dich dann ganz entspannt hin – entweder auf einen Stuhl oder auf den Boden im Schneidersitz.
2. Schließe dann deine Augen. Atme tief durch die Nase ein und durch den Mund wieder aus. Komme ganz bei dir an und genieße die Stille, die sich um dich herum einstellt.
3. Stelle dir dann deine Ahnenlinie vor. Es ist hierbei egal, wie viele Menschen du aus dieser Linie wirklich kennst. Deine Ahnenlinie ist wie eine offene goldene Kette und jedes Mitglied deiner Ahnenlinie ist ein goldenes Glied dieser Kette. Du stehst am Ende dieser Kette als ihr letztes Glied.
4. Schaue dir das Gold dieser Kette in Gedanken genauer an. Vielleicht ist es bereits leicht angelaufen über die vielen Jahre hinweg, in denen diese Kette von Generation zu Generation immer größer wurde. All die Verletzungen und energetischen Staus dieser Zeit haben sich über die Jahrhunderte angesammelt und das Gold der Kette erblassen lassen. Du darfst ihr nun helfen, in einem neuen Glanz zu erstrahlen.
5. Stelle dir nun vor, du nimmst diese Kette und schließt sie, sodass sie einen Kreis, ein goldenes Armband bildet. Dafür stellst du dir vor, wie das erste Glied dieser Kette in einem Sitzkreis mit dem Rücken zu dir direkt vor dir sitzt. Das könnte beispielsweise dein Urururur-

urgroßvater sein. Du musst sein Gesicht nicht sehen oder ihn kennen, wichtig ist nur, dass du dir den ersten Teil dieser Kette als Mensch vorstellst und spürst, dass dieser Mensch zu deiner Ahnenfamilie gehört.

6. Lege dieser Person dann von hinten die Hände auf die Schultern und sprich folgende Worte laut aus: »Du darfst heilen!« Siehe, wie diese Person, das Glied dieser Kette, in einem hellen, goldenen Heillicht erstrahlt und heilt.
7. Siehe dann, wie die Person vor dir genau das Gleiche mit der Person vor ihr macht, also ihr ebenfalls die Hände von hinten auf die Schultern legt und diese magischen Heilworte spricht. Und nach und nach gehen die Geste und die Worte reihum. Beobachte, wie die alte, angelaufene Kette Glied für Glied wieder erstrahlt und heilt, bis dir deine Mama oder dein Papa ebenfalls von hinten die Hände auf die Schultern legt und dich heilt.
8. Verweile einige Momente in dieser Kette aus goldenem Licht. Spüre in ihre Heilung, wie sie wie ein goldener Fluss durch deine gesamte Ahnenlinie zirkuliert. Spüre, wie alles viel leichter ist und sich die negativen Ansammlungen und Verletzungen der letzten Generationen liebevoll auflösen.

Bewege dich nach dieser Übung gerne ein bisschen, wenn du das Bedürfnis hast. Intuitive Bewegung nach energetischer Heilarbeit hilft, die Heilenergie richtig im Körper zu verteilen, damit sich keine energetischen Staus bilden. Es kann auch sein, dass du ganz plötzlich ein Gefühl der Liebe oder Dankesworte wahrnimmst – das sind deine Ahnen, die sich bei dir für diese Heilung bedanken möchten.

Die Waisenkinder

Kennst du das Gefühl? Du triffst auf eine Person und obwohl ihr euch erst zehn Minuten lang kennt, spürst du in dir eine tiefe, unerklärliche Verbundenheit. Das liegt oft daran, dass ihr euch tatsächlich bereits begegnet seid. Vielleicht habt ihr eine frühere Inkarnation geteilt oder kennt euch aus eurer Seelenheimat. Stammt ihr aus der gleichen Frequenzecke des Universums, so seid ihr das, was im heutigen Volksmund als »Dualseele« oder »Zwillingsseele« bekannt ist.

Ich möchte zum Thema Dualseelen eine Sache klarstellen: Niemand hat eine geteilte Seele und ist sein ganzes Leben lang auf der Suche nach der verlorenen Hälfte – das wäre zu grausam. Es würde dem Grundsatz unserer unbegrenzten Schöpferkraft widersprechen und dem Gedanken, dass unsere Seele vollständig und perfekt ist, so wie sie ist. Aus diesem Grund möchte ich den irreführenden Begriff der »Dualseele« gegen den Begriff des »Seelenpartners« eintauschen.

Wie ich bereits eingangs im Kapitel »Wer war ich früher – und wenn ja, wie viele?« zum Thema Seelenheimat erklärt hatte, sind wir alle aus dem großen Ganzen namens Universum oder Gott entstanden. Diese universelle Energie – also die gesamte göttliche Energiemasse, die uns umgibt – hat bestimmte energetische Anteile, die allesamt hochfrequent sind. Das Universum ist also eine Verflechtung unterschiedlicher hochfrequenter Energien, wie zum Beispiel der bedingungslosen Liebe, bedingungslosen Freiheit, bedingungslosen Freude. Neue Seelen werden geboren, indem sie sich aus diesem Gesamtgefüge individualisieren und somit auf ihre eigene Reise begeben, ohne die energetische Verbindung zum Gesamten zu verlieren.

Individualisieren sich nun zwei Seelen direkt aus dem gleichen energetischen Anteil des Universums, zum Beispiel aus dem bedingungslosen Frieden, werden sie also direkt nebeneinander oder sogar aufeinander (aus der Perspektive eines menschlichen Gehirns) geboren, so weisen diese beiden Seelen rein energetisch eine nahezu identische Struktur auf. Das sind dann die sogenannten Seelenpartner. Diese Seelenpartner müssen nicht zwei Seelen sein, es können auch Hunderte sein. Sie sind in ihrer Energie so ähnlich, dass sie sich gegenseitig stark triggern können, auf der anderen Seite aber auch ohne Worte verstehen. Sie besitzen das gleiche Erbgut und begeben sich nach ihrer Individualisierung auf getrennte Reisen: wie eineiige Zwillinge, die in unterschiedlichen Familien aufwachsen. Sie entwickeln sich getrennt voneinander und jede Seele erarbeitet sich dadurch ihre eigene Individualität. Treffen diese Seelen nach einiger Zeit wieder aufeinander, erkennen sie sich relativ schnell aufgrund der ähnlichen Energiestruktur wieder und resonieren miteinander. Deshalb spüren wir unsere Seelenpartner sehr intensiv und Beziehungen zwischen Seelenpartnern sind oft sehr transformierend und nicht immer einfach.

Das schwarze Schaf

Die folgende Geschichte erzählt nicht von einer Seelenpartnerschaft, dafür aber von einer zusammengewürfelten Schar verängstigter Kriegskinderseelen, die sich entschlossen haben, erneut als Familie zu inkarnieren. Es ist eine Geschichte über Seelen, die unterschiedlicher nicht sein könnten und die in den schlimmsten Zeiten der Menschheit gemeinsam lernen wollten.

Hanna war schon immer das schwarze Schaf in ihrer Familie. Egal, was sie tat, welchen Beruf sie wählte, welchen Partner sie mit nach Hause brachte, welchen Kleidungsstil sie trug – ihre Entscheidungen trafen immer auf Gemurre und tadelnde Worte. Nicht nur seitens ihrer Eltern gab es häufig Streit, auch mit ihren Geschwistern war das Verhältnis angespannt. Feiertage und Familienfeiern waren für Hanna daher immer sehr kraftraubend. Aus diesem Grund bat sie mich und die Akasha Chronik um Hilfe, um endlich herauszufinden, wie sie in ihrer Herkunftsfamilie Frieden und Leichtigkeit finden konnte. Sie wollte sich nämlich nicht von ihrer Familie distanzieren, sondern den energetischen Knoten lösen, den sie dort spürte.

Kaum war ich mit der Akasha Chronik verbunden, sah ich Szenen eines großen Krieges. Bomben fielen, Menschen schrien, Gebäude standen in Flammen und Trümmern. Auf meine Rückfrage hin erzählten mir die Engel, dass der Konflikt in Hannas Familie im Ersten Weltkrieg startete oder vielmehr kurz nach Ende dieses Kriegs. Hanna war damals als Waisenkind in ein großes Waisenhaus gebracht worden, in dem nach Ende dieser Schreckenszeit viele Kinderseelen aufeinandertrafen. Das Waisenhaus war überfüllt und die Beschäftigten maßlos überfordert. Und so traf Hanna auf ihre aktuelle Mutter, ihre Geschwister und den Vater ihrer Kinder, die ebenfalls damals als Waisenkinder mit Hanna in eine Gruppe zusammengewürfelt wurden. Hannas jetziger Vater war damals der Leiter des Hauses und ein Mann, dessen Herz voller Verbitterung und Trauer war. Er hatte im Krieg einen Sohn verloren und empfand viel Eifersucht den überlebenden Kindern im Waisenhaus gegenüber, die es geschafft hatten, aus dieser Kriegshölle mit ihrem Leben zu entfliehen. Er war damals wie heute ein Mann, der zwar seinen Aufgaben sehr gewissenhaft nachging, aber nur den finanziellen Rahmen schuf, ohne das Familienleben mit viel Liebe oder Licht zu füllen. Doch die Zeiten waren hart und jeder Mensch hatte sein Päckchen zu tragen. Es gab damals kaum einen Menschen, dessen Welt nicht völlig auf den Kopf gestellt worden war, und es wäre falsch, ihm die Schuld für die psychische Vereinsamung der Kinder in seiner Obhut zu geben.

Je mehr Menschen in einer energetischen Sache verwickelt sind, desto deutlicher spüre ich die Wechselwirkungen zwischen ihnen in der Akasha Chronik. Es ist immer wieder faszinierend, wenn

auch energetisch anspruchsvoll, all diese Verbindungen zwischen den Seelen einzeln zu verstehen. Du kannst es dir wie ein lautes, summendes Bienennest vorstellen – es ist unglaublich viel los und jeder arbeitet sowohl an seiner individuellen Aufgabe als auch am Kollektivthema. Jeder prägt den anderen und niemand ist allein schuld an Glücksfall oder Leid.
Und so wurde aus diesen fremden Kriegskindern eine Patchworkfamilie, die nicht ganz passen wollte. Jedes Kind hatte schlimme Erfahrungen gemacht und trug unterschiedliche Facetten eines Kriegstraumas in sich, doch jedes Kind wuchs an der Begegnung mit den anderen Kindern, die das gleiche Schicksal teilten. Hanna hatte Glück. Ein halbes Jahr nach ihrer Ankunft meldete sich eine entfernte Tante, die sie adoptieren wollte. Diese Tante war eine starke und liebevolle Frau, deren Energie Hanna in die aktuelle Inkarnation mitgenommen hatte. Sie schenkte Hanna ein wunderschönes Leben voller Leichtigkeit. Kaum wurde bekannt, dass Hanna bald Teil einer »echten« Familie werde, wurde sie von den anderen Kindern gemieden und beneidet. Sie fühlten sich betrogen, weil sie im Waisenhaus bleiben mussten, während Hanna gehen durfte. Und so projizierten sie all ihre negativen Gedanken auf Hanna, sodass diese zum schwarzen Schaf wurde.
In der Akasha Chronik zeigten mir die Engel die Zeitlinien der beiden Inkarnationen. Ich sah sie wie übereinanderliegende Tonspuren eines Musikstücks – oben lag die Waisenhausinkarnation, unten lag Hannas aktuelles Leben – und ich erkannte, dass der Besuch der Tante der Schlüsselzeitpunkt in beiden Inkarnationen war. Die Informationen, die dann folgten, zeigten mir abermals, wie komplex unsere Inkarnationsenergien und Verflechtungen sein können.
Bis kurz vor der Ankunft ihrer Tante ähnelten sich die beiden Zeitlinien und Inkarnationen sehr: Hanna fühlte sich aktuell als Außenseiterin in ihrer Familie, so wie sie aufgrund der Adoptions-

möglichkeit zur Außenseiterin im Waisenhaus wurde. Sie fühlte sich in beiden Inkarnationen fremd und unwillkommen – in einer Familie, in die sie scheinbar zufällig hineingestolpert war oder hineingeboren wurde. Doch die Ankunft ihrer Tante markierte damals den Umbruch der Energie des gesamten Waisenhauses. Die Engel in der Akasha Chronik wiesen mich darauf hin, dass es nun von zentraler Bedeutung war, die Geschichte von damals aufmerksam weiterzulesen und aus ihr zu lernen. Hanna solle sich ein Vorbild an ihren vergangenen Handlungen nehmen. Also ließ ich mich weiter überraschen und es rührte mich zu Tränen, was ich in der Akasha Chronik empfing.

Der Tag kam, an dem Hannas Tante an der Tür des Waisenhauses klopfte. Hanna verabschiedete sich kurz von den anderen Kindern und hatte nicht viel Zeit, um all die Worte, die ihr auf der Seele brannten, loszuwerden. Doch im Moment ihres Abschieds schickte sie Liebe und Frieden in das Waisenhaus und an all ihre Bewohner. Sie segnete so alle Seelen, die sich in ihm befanden, vor allem ihre eigene Gruppe. Diese Liebe erhöhte die Frequenzen des Hauses und war der Startschuss für die große Heilung, die im Zuge dessen eintrat. Im neuen Zuhause angekommen, setzte sich Hanna an den Schreibtisch und bat ihre Tante um Briefpapier. Sie schrieb jeder Seele ihrer Gruppe einen individuellen Brief, in der sie dem Menschen das wünschte, was ihm fehlte. Sie schrieb mit so viel Liebe und Vergebung, mit Mitgefühl und Herz, weil sie genau wusste, dass jedes Kind dort trauerte und sich wünschte, von einer so lieben Tante abgeholt zu werden. Sie wusste auch, dass sie auf ihre Briefe keine Antworten bekommen würde, und das war auch gut so. Es ging ihr nur darum, die Energien zwischen ihr und den anderen Kindern in Liebe zu wandeln. Es fühlte sich einfach richtig an. Sie gab ihrer Tante die Briefe und löste sich so von den gehässigen Blicken und gemeinen Worten, die ihr Herz bis dahin umklammert hielten. Ich sah noch, wie die kleine Hanna von damals lächelte, ehe die Filmrolle zu Ende war und die Leinwand vor meinem geistigen Auge dunkel wurde. Ich wusste, dass ich nun alles gesehen hatte, was für Hannas aktuelles Problem und vor allem für seine Lösung wichtig war. Ich bat die Engel darum, mir im Detail zu erklären, was Hanna nun zu tun habe.

Die Ankunft ihrer Tante war das Schlüsselereignis der damaligen Inkarnation. Auch in Hannas aktuellem Leben dürfe nun diese magische Tante ankommen: nämlich in Form ihrer Geistführerin Lady Portia. Lady Portia ist eine aufgestiegene Meisterin – eine spirituelle Lehrerin, ähnlich wie Jesus, Buddha oder Lady Nada. Wie alle aufgestiegenen Meister hilft sie den Menschen mit bestimmten Themen, nämlich Karma und Gerechtigkeit. Zudem ist sie für die Balance der göttlichen Kräfte zuständig. Ihre Energie ist voller Liebe und Stärke und so war Lady Portia bereits damals ins Leben der kleinen Hanna getreten, um sie aus ihrer Ungerechtigkeit zu befreien. Sie half Hanna mit ihren Briefen, die Energien zwischen den Waisenkindern zu harmonisieren und die göttliche Ordnung wiederherzustellen. Ich erhielt die Information, dass Lady Portia in Hannas aktueller Inkarnation bereits an ihrer Seite darauf wartete, dass Hanna bereit für den nächsten Schritt war – das Schreiben ihrer Vergebungsbriefe.

Die Briefe hatten in der damaligen Inkarnation die energetischen Staus gelöst, die Hanna mit jeder einzelnen Person im Waisenhaus hatte. Sie schickte durch diese Briefe Liebe los und diese Liebe hatte nicht nur sie selbst transformiert, sondern jede Seele des Waisenhauses. Die Energie dort hatte sich durch die Briefe verändert, sie war leichter und wärmer geworden durch die hochfrequenten Gefühle, die Hanna damals mitgeschickt hatte.

Genau diese Briefe dürfe sie zur Auflösung ihrer aktuellen Situation schreiben. Sie solle an jedes Mitglied ihrer Familie einen Brief verfassen, in dem sie der Person von Seele zu Seele das wünsche, was ihr fehle. Diese Worte sollten nicht aus einer Feder der Hochmut oder Arroganz geschrieben werden, sondern aus

Mitgefühl und Verständnis. Denn jeder Mensch trägt unsichtbare Lasten und niemand hat den kompletten Einblick in die Seele oder Vergangenheit der anderen Person. Hanna solle ihr auch schreiben, dass sie all die energetischen Schnüre zwischen ihnen, die ihr nicht mehr dienten, durchtrenne. Enden solle sie die Briefe mit dem Satz »Ich sende dir Licht und Liebe«. Dann solle sie die Briefe einzeln verbrennen und so an Lady Portia abgeben. Sie solle Lady Portia wie auch damals darum bitten, den energetischen Inhalt dieses Briefs liebevoll an die jeweilige Person zu senden und so nicht nur die Verbindung zu Hannas Vergangenheit zu vervollständigen, sondern die göttliche Ordnung wiederherzustellen und die energetischen Ressentiments der Vergangenheit gänzlich aufzulösen. Beim Schreiben der Briefe dürfe sie einen Obsidian tragen, dessen Heilwirkung dafür bekannt war, Vergangenes zu lösen, den Träger zu schützen und die Unabhängigkeit zu stärken. Beim nächsten Zusammentreffen der Familie solle sie Lady Portia um Schutz bitten und darum, dass Hanna selbst in den hohen Frequenzen bleibe.

Energien formen

Diese Geschichte lehrt uns zwei wichtige Grundsätze: Erstens, unterschätze niemals die Macht deiner Worte, Gedanken oder Gefühle. Es ist so leicht, die Energie deiner Umgebung mit den richtigen (oder falschen) Gedanken zu verändern. Denke doch bitte kurz an den letzten Moment, in dem dein Partner oder eine andere dir nahestehende Person genervt von der Arbeit nach Hause kam. Sie brauchte kein Wort zu sagen und du hast in der Energie des Raums sofort die Anspannung gespürt. Allein durch ihre Gefühle und Gedanken hatte sie (unbewusst) die Energie zu Hause verändert. Nun denke bitte an den letzten heftigen Streit, den du mit einer lieben Person hattest, und vor allem an den Moment, in dem sich der Streit in Liebe aufgelöst hat. Der Moment der ersten lieben Worte oder des ersten vergebenden Lächelns – wie leicht sich plötzlich die Luft um dich herum anfühlte, obwohl du vor einigen Minuten noch mit einem Messer durch die Energie hättest schneiden können. Wir tragen alle eine große Kraft in uns, Energien zu formen und Frequenzen zu verändern. Wir dürfen daher lernen, achtsamer mit unseren Gedanken und Gefühlen umzugehen und großzügiger Worte und Gedanken der Liebe ins Feld zu senden.

Zweitens, und das geht mit dem ersten Grundsatz einher, reagieren wir stark auf die Energien, die um uns herum wirken. Wir gleichen uns den Frequenzen um uns herum zwar nicht sofort an (zumindest die meisten Menschen nicht), aber sie haben das Potenzial, auch die Frequenzen in uns zu ändern. Das gilt nicht nur für einen materiellen Raum, also ein Wohnzimmer, ein Bürogebäude oder einen Wohnort, sondern auch für immaterielle Räume wie Freundesgruppen oder Arbeitsgemeinschaften. Beobachte daher deine Umgebung und spüre in dich hinein, ob sie zu dir passt oder nicht und wie sie sich auf dich auswirkt. Stärkt sie in dir die Liebe, wie die Energie von Hannas Briefen die Liebe im Waisenhaus gestärkt hatte, oder bewirkt sie das Gegenteil? Indem Hanna die Energie in ihrer Familie sowohl damals als auch heute energetisch mit Liebe und Vergebung füllte, änderte sie die Energie im Raum. Das bewirkt nicht sofort, dass sich alle voller Liebe um den Hals fallen und jegliche Feindseligkeiten der letzten Jahre sich in Luft auflösen. Aber es rüttelt in jeder betroffenen Partei etwas wach. Und zwar in dem Ausmaß, das die jeweilige Seele zulässt. Vielleicht ist es der Mut zuzugeben, dass man falschlag. Oder die Kraft, sich in die andere Person hineinzufühlen. Vielleicht bewirkt es auch einen starken Trigger und setzt größere Glaubenssätze frei, die endlich im Licht bearbeitet werden dürfen. Je nach Entwicklungs- und Lernstand der Seele kann diese Veränderung unterschiedliche Auswirkungen haben. Aber es werden genau die richtigen Auswirkungen sein und Hanna wird ihre eigenen negativen Gefühle leichter loslassen können.

Anderen Liebe senden

Ich werde immer wieder gefragt, ob es denn überhaupt erlaubt sei, einer anderen Person unaufgefordert Liebe zu schicken, oder ob dies nicht einen Eingriff in die Energiesphäre der anderen Person darstelle. Das ist eine sehr spannende Frage, auf die ich am Ende dieser Geschichte noch kurz eingehen möchte.

Wir Menschen tauschen mit jedem Wort, mit jeder Geste Energien miteinander aus. Unterbewusst schicken wir also ständig alle möglichen Energien in alle möglichen Richtungen, vor allem in die Richtungen der Menschen, die uns im Leben begleiten. Wir formen und verändern die energetische Zusammensetzung unserer Welt mit jeder Sekunde. Wir loben unsere Liebsten, schimpfen aber auch mit ihnen oder regen uns bei ihnen über Dinge auf, die uns beschäftigen. Alles, was wir tun, hat eine bestimmte Frequenz, und wir berühren mit diesen Frequenzen jederzeit die Energie um uns herum – außer wir leben in kompletter menschlicher Isolation.

Wenn wir also die Möglichkeit haben, die Energien, die wir aussenden, mit Liebe zu füllen statt mit Wut oder Frust, sollten wir dies tun. Gerade wenn es um die Beziehungen geht, in denen wir aktiv leben. Begegnen wir unserem Partner mit liebevollen Worten statt mit Pöbeleien, stärkt dies unsere Beziehung. In der Akasha Chronik wird mir daher oft nahegelegt, unsere Beziehungen mit Liebe zu energetisieren oder allgemein Liebe in die Kollektivebene auszusenden.

Aber was ist, wenn die andere Seele unsere Liebe nicht will? Wenn wir auf der Straße einem fremden Menschen einen Kuss geben würden, wäre das für die meisten eine Grenzüberschrei-

tung. Wenn wir Liebe in energetischer Form aussenden – und wir nehmen hierbei an, dass wir echte bedingungslose Liebe schicken, die frei vom Ego und Überheblichkeit ist –, schicken wir sie wie einen Brief. Es liegt dann am Empfänger selbst, diesen Brief zu öffnen und die Liebe ins Energiesystem zu integrieren. Du kannst es dir wie eine Liebeswolke vorstellen, die dann die Energie des Empfängers umgibt. Sie ist noch nicht Teil seiner Energie, aber in greifbarer Nähe, sodass die Seele jeweils entscheiden kann, ob diese Liebe mit ihr resoniert oder nicht. Denn nicht jeder Mensch ist aufgrund von Traumata oder Verletzungen immer in der Verfassung, Liebe zuzulassen – doch jeder Mensch fühlt sich in der Gegenwart von Liebe wohler als in der Gegenwart von Hass. Menschen, mit denen wir eine Beziehung führen, kennen unsere Liebesenergie und lassen sie im Zweifel direkt zu, während fremde Personen zunächst selbst testen können, ob sie diese Liebe aktuell zulassen möchten. Gleichzeitig energetisiert diese Liebe auch den Absender. So ist das auch mit negativen Gedanken, die man verschickt. Sie landen nicht automatisch in der Energie des Empfängers, sondern in seinem Dunstkreis. Und jeder ist dafür verantwortlich, wen er ins Haus lässt und wen nicht.
Und obwohl ich es liebe, meine Beziehungen mit reiner Energiearbeit und hochfrequenten Gefühlen zu harmonisieren, möchte ich dir noch einen letzten Rat mit auf den Weg geben:

Ein liebes Wort wiegt in unserer materiellen Welt schwerer als ein lieber Gedanke.

Denn wir verstärken mit unserem materiellen Tun all die unsichtbaren Energien, die unsere Seele auf diese Welt gebracht hat. Wir sind hier Menschen und dürfen nach den irdischen Gesetzen leben. Und so dürfen wir für die Kommunikation unserer Liebe primär auf die Mittel zurückgreifen, die wir alle verstehen und die uns Menschen ausmachen: Worte und Taten.

Sprich aus, wenn du jemanden liebst. Ich versuche täglich mindestens einmal die Worte »Ich liebe dich« zu formulieren. Und fast noch wichtiger: Zeige deine Liebe.
Denn Taten aus echter Liebe sind die schönste Form der Energetisierung.

Akasha Übung: Raum der Wünsche

Wir können die Frequenzen um uns herum durch Gedanken, Gefühle, Worte und Taten verändern. Einen materiellen Raum zu energetisieren, wie das Wohnzimmer oder Schlafzimmer, gestaltet sich für die meisten Menschen einfacher, weil dieser Raum mit all seinen Gegenständen bereits materiell existiert. Wir brauchen dann nur mit Räuchersachen und schönen Intentionen in ihm herumzulaufen, um ihn zu reinigen und mit positiven Frequenzen aufzuladen. Doch wie energetisierst du ein Bewerbungsgespräch? Eine Prüfung? Oder ein Date? Auch das sind Räume – immaterieller Art –, in denen Menschen aufeinandertreffen. Vor langer Zeit habe ich eine Übung aus der Akasha Chronik empfangen, die ich seither nutze, um im Vorfeld solche immateriellen Räume oder Situationen zu energetisieren.

So geht die Übung:

1. Setze dich entspannt hin, sodass du dich wohlfühlst. Reibe dann deine Handflächen für zehn Sekunden aneinander, damit sie schön warm sind, und massiere dich selbst im Bereich der Schultern und des Nackens.

Diese Selbstmassage bewirkt, dass alle energetischen Staus in deinem Körper, die sich bereits als Verspannungen manifestiert haben, aufgelockert werden und die Energie besser fließen kann. Massiere dich so lange selbst, wie es sich für dich richtig anfühlt.

2. Stelle dir dann deine Situation oder deinen immateriellen Raum vor, den du energetisieren möchtest. Du kannst hierfür gerne deine Augen schließen, darfst die Übung aber auch mit offenen Augen durchführen. Vielleicht steht dir ein Bewerbungsgespräch oder ein Streitgespräch bevor, oder du hast einen Onlinegeschäftstermin mit einer Kundin. Egal, welche Situation es ist, die du positiv energetisieren möchtest, stelle sie dir bildlich vor.
3. Visualisiere hierfür, wie du mit den betroffenen Menschen dieser Situation in einem Raum bist. Das ist der immaterielle Raum, in dem diese Situation stattfinden wird. Noch ist dieser Raum leer, doch du darfst ihn mit hochfrequenten Gefühlen und Energien füllen. Das machst du, indem du Gegenstände darin platzierst, die diese Energien ausstrahlen. Dekoriere deinen immateriellen Raum also ganz nach deinen Wünschen. Stehst du vor einem Streitgespräch, kannst du die Wände deines Raumes mit einer Farbe der Harmonie und Liebe anstreichen oder ein großes Herz in die Mitte platzieren, das Liebe auch in die hintersten Ecken des Raumes ausstrahlt. Stehst du vor einem Bewerbungsgespräch, so frage dich, welcher Gegenstand dich mit Selbstvertrauen erfüllt. Vielleicht ist es die Taschenuhr deines Großvaters, der immer stolz auf dich war, deren Energie du in den Raum mitnehmen möchtest, oder die Glücksschokolade, die du von deiner Schwester bekommen hast und die voller Liebe

und Vertrauen zu dir ist. Lasse dir beim Dekorieren Zeit und spüre hinein, wie sich der Raum nach und nach wandelt und du dich mit jedem Gegenstand, mit jeder Energie in diesem Raum immer wohler fühlst.

4. Wenn du fertig bist, spüre noch einige Momente in diesen Raum hinein, ehe du ihn schließt und ins Universum hinausschickst. Stelle dir hierfür vor, dass du aus dem Raum hinausgehst und dieser Raum mit all seinen Energien nach oben in den Himmel schwebt, um genau dort in deiner Zukunft Platz zu nehmen, wo du ihn brauchen wirst. Bedanke dich danach liebevoll beim Universum und Gott, bei dir selbst und deinem Leben.

Gehe dann in die tatsächliche Situation mit dem Vertrauen, dass die von dir geschaffenen Energien für dich wirken und du in Liebe und Authentizität deinen immateriellen Raum betrittst. Egal, was passiert, egal, wie die Situation für dich ausgeht, es wird für deine Seele genau richtig sein.

Akasha Stories zur Berufung

Wir hatten noch nie so viele Lichtarbeiter auf der Erde wie heute. Lichtarbeiter sind Seelen, deren Aufgabe es ist, ihr Licht hier auf der Erde strahlen zu lassen und auch das Licht in anderen zu entfachen. Vor vielen Jahren zeigte mir Erzengel Michael in einem Akasha Reading, wie Lichtarbeiter inkarnieren, und es war zauberhaft. Ich sah, wie Millionen von funkelnden Sternschnuppen und Lichtern auf der Erde landeten und die ganze Welt zu leuchten begann. Liebe und Hoffnung erfüllten die Luft. Daher wundert es mich nicht, dass sich die meisten Lichtarbeiter nach einem Beruf sehnen, der es ihnen erlaubt, dieses Licht erstrahlen zu lassen. Die meisten meiner Readings behandeln daher das Thema Berufung und ich bin immer wieder erstaunt, welche Antworten aus der Akasha Chronik kommen. Ich lebe meine Berufung. Ich darf Botschaften aus der geistigen Welt teilen, den Menschen spirituelle Übungen an die Hand geben, die einfach und kraftvoll sind, und die Verbindung zur geistigen Welt lebendig machen, und ich darf unterrichten. Ich darf den Menschen das beibringen, was ich selbst täglich für mich und andere nutze, damit sie dieses Licht und diese Weisheiten weitertragen. Aber nicht jeder Mensch hat das blinde Vertrauen und den manchmal leicht verrückten Mut, der in mir brodelt und der mir erlaubte, meine sichere Tätigkeit als promovierte Juristin aufzugeben, um mich ganz meinem Dasein als Medium zu widmen. Und das ist auch vollkommen in Ordnung und gerechtfertigt. Denn die Berufung zu leben, bedeutet nicht automatisch, den alten Job zu kündigen und bei null zu starten. Manchmal reichen einige kleine Handgriffe aus, einige mutige Worte und

Ideen, um aus dem Hamsterrad herauszufinden und deinen aktuellen Job zu deiner Berufung zu transformieren.
Ich werde oft gefragt, ob die Berufung immer zwangsweise im Beruf ausgeübt werden muss und die Antwort ist Nein. Die meisten Menschen wünschen sich das natürlich, aber manchmal möchte eine Seele ihre Gaben ehrenamtlich oder hobbymäßig ausführen. Eine ältere Dame hilft den Kindern in der Nachbarschaft beim Lesenlernen. Ein junger Vater unterrichtet leidenschaftlich das Fußballteam seines Sohnes. Eine Kunstlehrerin verschenkt ihre eigenen gemalten Bilder an die Tierheime in ihrer Stadt. Denn der richtige Energieausgleich muss nicht immer das liebe Geld sein. Worte der Dankbarkeit und Wertschätzung und gegenseitige Hilfe sind ebenso kostbare Schätze und nähren die eigene Seele.

Eine Fee in der Gastronomie

Kaffee kochen, E-Mails beantworten, Arbeitstelefonate führen, Brotzeit machen, Feierabend. Ein normaler Arbeitstag kann manchmal sehr eintönig sein, gefühlsmäßig grau in grau. Die eigene Lebenskraft und Kreativität schwindet dahin und wird vom leisen Ticken der Uhr, die an der Wand im Büro hängt, mit jeder Minute blasser. Dabei wäre es so schön, ein bisschen mehr Farbe, Abwechslung und Freude in den Arbeitsalltag zu bringen – aber wie? Diese Frage stellte mir Lena in einem Reading, denn sie hatte es wirklich satt, tagein, tagaus dem gleichen grauen Rhythmus zu folgen, der ganz und gar nicht dem Rhythmus ihrer Seele entsprach. Sie beneidete die Menschen, die von ihrem Leben eine gewisse Vorstellung hatten, denn sie selbst wusste nicht, mit welchen Talenten und Gaben sie hier in ihrer Inkarnation dienen und auch glücklich und erfüllt werden sollte.

Lena und ihr Partner führten einen kleinen Gastronomiebetrieb im Schwarzwald. Es gab dort einen Biergarten und einige Innenräume, die oft für runde Geburtstage oder Hochzeiten angemietet wurden. Sie selbst war allerdings nahezu vollständig im Büro tätig und die Frau hinter dem Geschehen. Tag für Tag erledigte sie die gleichen Arbeitsanweisungen und die Langeweile wurde unerträglich. Sie erzählte mir, dass sie sich nach mehr Farbe sehnte, nach einer Tätigkeit, die den Garten ihrer Seele wieder aufblühen ließe.
Berufungen gehen oft Hand in Hand mit der Energie der Seelenheimat, weshalb ich in meinen Readings immer bewusst nach ihr frage, wenn ich die Berufung einer Person ausfindig machen möchte. Ich landete gedanklich daher in Ashtara, Lenas Seelenheimat, als ich in ihrem Reading die Akasha Chronik betrat. Es war so schön. Meine Seele badete augenblicklich in den bunten Lichtern dieser Dimension und ich musste lächeln. Ashtara ist eine sehr verspielte Dimension voller Zauber. Ihre Energie ist leicht, fantasievoll und sie zeigte sich mir als verwunschener Wald mit vielen prächtigen Farben und einem glitzernden Schimmer in der Luft. Es erinnerte mich sehr an die Welt von *Alice im Wunderland*, denn Ashtara war definitiv ein Land voller Wunder. Feen und Elfen flogen kichernd auf und ab durch die Zweige bunter Bäume und die Sonne erzählte anhand der Schattenspiele der Blätter ihre Märchen. So stellt sich jedes kleine Kind pure Magie vor. Ich verweilte einige Momente in der Energie dieser Dimension und beobachtete ihre Bewohner, mit wie viel kindlicher Freude sie durch ihr Reich tanzten. Dann fiel mir eine kleine Fee besonders ins Auge. Sie hatte grüne, glitzernde Flügel, einen Körper aus Licht und sie lachte. Sie lachte und kicherte so lieblich, dass mein Herz ganz warm wurde. Sie hüpfte von einer Blüte zur nächsten und genoss einfach nur den Moment. Das war Lena, vollkommen in ihrer Seelenenergie. Ihre aktuelle menschliche Inkarnation sehnte sich genau nach dieser Leich-

tigkeit: nach Abwechslung, Farben und magischen Momenten – kurzum nach ihrer Seelenheimat.
Ich empfing die Information, dass Ashtara eine Spiegeldimension unserer Erde sei. Auf meine Rückfrage, was das genau bedeute, antworteten mir meine Engel:

Die Energie Ashtaras ist für die Menschen auf dieser Erde, in dieser Dimension, jederzeit verfügbar. Durch eure Fantasie und Kreativität spiegelt ihr die Energie Ashtaras in eure Dimension und transformiert eure Erde zu einem lebendigen Ort. Je fantasievoller, je farbenfroher und wundervoller eure Worte und Taten sind, desto mehr Energie dieser Spiegeldimension entsteht auf eurer Erde.

Ich war begeistert. Diese Information würde nicht nur Lena und ihrer Berufung helfen, sondern war eine zauberhafte Botschaft für die ganze Welt. Natürlich wissen wir alle, dass es sich mit einem Hauch Fantasie leichter lebt. Wir wissen, dass unsere inneren Farben und unsere Vorstellungskraft den manchmal tristen und schwierigen Alltag erleuchten können. Diese Spiegelwelt zu sehen und sie so intensiv zu fühlen, entfachte in mir aber den Willen, dies auch verstärkt zu tun. Zu träumen, zu kichern und bedingungslos glücklich im Moment zu leben. Der Gedanke daran, dass diese Welt nur einige wenige Tagträume entfernt war, gab mir viel Hoffnung. Die Energie Ashtaras durfte und sollte Lena in ihrer Suche nach der Berufung beherzigen.
Ich bin bereits einigen Feen in meiner Arbeit als Akasha Chronik Medium begegnet, und alle hatten eine sehr ähnliche Energie: Sie brauchten viel Freiraum und viel Abwechslung, da sie sich schnell langweilten. Sie waren aber in ihrer inkarnierten Form bei Weitem die kreativsten Menschen auf dieser Erde. Alles, was sie anfassten, wurde magisch. Unter ihnen fanden sich oft Künstler von Farben, Worten und Noten und sie liebten es, zu spielen und ihr inneres Kind zu nähren. Deshalb fühlte sich Lena so

unwohl in ihrem Leben, in ihrem Beruf und ihrer Haut – ihr fehlte das Spielen. In dieser – für sie als Fee – sehr niedrigen Energie der Langeweile übersah sie allerdings eine Tatsache, worauf mich die Akasha Chronik aufmerksam machte: Sie besaß den Raum, diesem Spielen und dieser fantasievollen Energie Ausdruck zu verleihen.

Die Energie Ashtaras

Die Energie Ashtaras besitzt eine sehr transformierende Qualität. Alles wird mit Licht und Farbe gefüllt und von innen heraus verändert. Mir wurde das folgende Sinnbild in der Akasha Chronik gezeigt: Stelle dir vor, du siehst einen toten, verdorrten Garten. Das Gras ist gelb und trocken, die Sträucher sind blätterlos und ohne Leben. Ein Chaos aus Brauntönen erstreckt sich vor dir. Plötzlich erscheint eine Fee aus Ashtara und schwingt ihren kleinen Zauberstab. Auf einmal wird der gesamte Garten in ein buntes, lebendiges Licht gehüllt und alles beginnt zu glitzern und zu wachsen. Das Gras bekommt ein saftiges Grün und die Sträucher tragen plötzlich reife, rote Früchte. Bunte Tulpen schießen aus dem Boden und aus dem kleinen braunen Fleck Ödland wird ein Paradies.
Um ihre Berufung zu leben, sollte Lena daher nicht von Grund auf einer neuen Tätigkeit nachgehen und ihren alten Bürojob verlassen; sie sollte ihre aktuellen Aufgaben und die Energien um sich herum transformieren und den Gastronomiebetrieb hierfür nutzen. Ich fragte nach, wie sie ihre Arbeit konkret verändern solle, und die Engel in der Akasha Chronik antworteten:

Frage dich, Lena, was du anders machen könntest, um mehr Spiel und Fantasie in deine Arbeit zu bringen. Du könntest die Büroarbeit komplett delegieren und in euren großen Innenräumen interessante Workshops zum inneren Kind oder zur Stärkung der Kreativität anbieten. Du könntest Feste und Konzerte im Biergarten planen, welche die Teilnehmer mit Farbe und Magie im Herzen und einem Lächeln auf den Lippen wieder nach Hause schicken. Frage dich deshalb bewusst: Wie kannst du deinen Beruf mit der Energie Ashtaras füllen?

Lena sollte den Sommer dazu nutzen, ihre Ideen in die Tat umzusetzen und ihre Ashtara-Seele wieder zum Leuchten zu bringen. Ich sah in der Akasha Chronik, wie sich alles um sie herum veränderte und sich auf diese kleine Gastronomie im Schwarzwald nach und nach das Schimmern Ashtaras legte. Nicht nur ihre eigene Energie wurde heller und farbenfroher, auch die Energien der Besucher ihrer Gaststätte veränderten sich, wenn sie mit Lenas Feenenergie in Berührung kamen. Wir dürfen nie vergessen, wie mächtig wir sind und welche Wirkung wir auf andere haben. Zuletzt fragte ich noch, wie sich Lena mit ihrer Ashtara-Energie verbinden könne, um sich Inspirationen für ihre Events und Vorhaben zu holen. Ich bekam den Tipp, dass sie vor allem ihr Sakralchakra stärken solle. Das Sakralchakra steht energetisch für unsere Schöpferkraft und Kreativität. Wenn du dich nach Muße und Inspiration sehnst, hilft es ungemein, deine sakralen Energien zu nähren. Lena dürfe nach Meditationen zum Sakralchakra suchen, aber auch durch mehr aktives Spiel, wie Brettspielabende oder Kitzelattacken mit dem Partner, durch hoch in den Himmel schaukeln oder etwas Schönes basteln wieder zum inneren Kind finden. Außerdem bekam ich drei Heilsteine für Lena übermittelt, die sie in dieser Zeit der Transformation tragen solle: den Sugilith, der ihr drittes Auge stärkt und die Magie des Neuen entfacht, den Karneol, der die Lebensfreude und Tatkraft schürt, und den Türkis, der das Blau des Himmels mit dem Grün der Erde vereint und somit die Verbindung zwischen Ashtara und unserer Erde symbolisiert. Lena stand ein magischer Sommer bevor.

Ich fühlte, wie stimmig all diese Botschaften waren. Viele Menschen denken bei dem Stichwort »Berufung« immer an einen Neustart, der viele Ängste und Unsicherheiten mit sich bringt. Doch das ist nicht immer notwendig. Wir alle sind wundervolle Schöpferwesen mit der Kraft, Dinge zu verändern. Erst letztens durfte ich ein Reading mit einer lieben Seele führen, die in einem großen Unternehmen arbeitete. Sie war Bürokauffrau und verbrachte die meiste Zeit vor ihrem PC. Das störte sie nicht allzu sehr, doch sie sehnte sich ebenfalls nach dem Gefühl einer erfüllten Arbeit. Nach dem Gefühl, etwas Gutes, Hilfreiches zu tun. Sie selbst hatte in ihrer Freizeit mehrere Yogaausbildungen abgeschlossen, weil das ihre Verspannungen im Schulter-Nacken-Bereich löste, welche sich aufgrund ihrer Bürotätigkeit immer wieder verhärteten. Und Yoga brachte diese Energien wieder ins Fließen. Ich bekam aus der Akasha Chronik die Botschaft, sie solle in ihrem Unternehmen bleiben und dort als Lichtarbeiterin wirken. Sie solle in Absprache mit ihrem Arbeitgeber in ausgewählten Pausen kleine Yogaeinheiten unterrichten und Achtsamkeitstraining zur Stärkung der mentalen Gesundheit mit den Mitarbeitern durchführen. Sie solle sich mit der Zeit als Work-Life-Balance-Beauftragte spezialisieren und das Unternehmen mit ihrem Licht erhellen. Ich war nach diesem Reading unglaublich beseelt. Denn es hatte mir wieder deutlich gezeigt, dass bereits wenige Änderungen gigantische energetische Auswirkungen haben. Bereits ein kleiner Schritt (*dein* kleiner Schritt!) kann die ganze Energie der Erde verändern.
Wenn du selbst in deinem Beruf unzufrieden bist und dich nach Erfüllung sehnst, frage dich daher:

Was kann ich jetzt tun, um meine Tätigkeit erfüllter zu gestalten?
Wie kann ich mein Licht scheinen lassen?

Akasha Übung: Werte

80 Prozent meiner Readings handeln von der Frage nach der Berufung. Die Menschen sehnen sich danach, einer Tätigkeit in ihrem Leben nachzugehen, die sie erfüllt. Einer Person, der es schwerfällt, ihre Berufung zu erkennen, gibt die Akasha Chronik immer denselben Rat: Mache dir deine Werte bewusst. Warum Werte? Weil sie unsere Basis als Mensch bilden. Lernen wir diese Basis kennen und stärken sie, sehen wir klarer, in welchen Berufen wir diese Werte ausleben können.

Ein Haus aus Backstein ist stabiler als ein Kartenhaus – dem würde wohl jeder Mensch zustimmen. Gleiches gilt für unsere Werte. Je intensiver wir sie leben, desto stärker wird ihr Fundament, auf dem wir unser gesamtes Leben aufbauen. Dennoch ändern viele Menschen ihre eigenen Werte schlagartig, je nachdem, wie das Lüftchen sich gerade dreht oder welche Freunde sie um sich scharen.

Ich möchte dich heute dazu auffordern, dir ganz bewusst deine Werte anzuschauen und sie zu vertiefen. Die meisten Menschen haben sich über ihre Werte noch nie bewusst Gedanken gemacht. Klar, man versucht automatisch, in Liebe zu leben und dankbar zu sein, doch diese beiden Werte sind nur zwei Ziegelsteine deines Lebensfundaments. Welche weiteren Werte bilden deine Grundlagen? Treue? Vertrauen? Authentizität? Ehrlichkeit?

Denke an eine Person in deinem Umfeld, die stark ist und die in Krisen einen kühlen Kopf behält. Was macht diese Person aus? Was unterscheidet sie von anderen Menschen? Ich habe über diese Frage oft nachgedacht und verstanden, dass unser innerer Kern stärker wird, je klarer uns unsere Werte sind und je deutlicher wir sie leben. Dieses

Fundament an Werten hilft uns, in unserer Mitte zu bleiben, egal, welcher Sturm im Außen tobt. Die starke Person, an die du vorhin gedacht hast, weiß ganz genau, was ihr im Leben wichtig ist, und sie besitzt die Integrität, nach ihren Werten zu leben. Zu einem festen Wertefundament gehört daher nicht nur, dass wir uns dieser Werten überhaupt bewusst werden, sondern auch, dass wir sie aktiv in unseren Alltag integrieren. Das wirkt sich unmittelbar auf unser Leben aus. Je treuer wir unseren eigenen Werten sind, desto mehr dieser Werte ziehen wir an. Dazu gehören auch Menschen, die ebenfalls nach diesen Werten leben, und Situationen, die mit diesen Werten resonieren. Ist uns die Treue wichtig und leben wir diese Treue aus – auch die Treue zu uns selbst! –, so ziehen wir Menschen in unser Leben, egal ob Freunde oder Partner, die uns ebenfalls treu sein werden. Gleich und gleich gesellt sich gern. Läuft im Leben eines Menschen vieles schief, bekomme ich in der Akasha Chronik oft die Anweisung, diesen Menschen an seine Werte zu erinnern, ja ihn sogar zunächst fixe Werte überhaupt festlegen zu lassen. Werte, die sich nicht mit einem neuen Freundeskreis oder Partner ändern, sondern die die richtige Menschengruppe anziehen. Das zerfallende Kartenhaus darf abgerissen werden, um das Wertefundament neu und nachhaltig legen zu können.
Deshalb habe ich heute eine wunderschöne Übung aus der Akasha Chronik für dich. Diese Übung ruft dir nicht nur deine Werte ins Gedächtnis, sie motiviert dich auch, diese Werte zu vertiefen. Du kannst sie jederzeit durchführen – egal, ob du aufgrund eines Sturms in deinem Leben deine Werte neu kennenlernen oder sie einfach nur bewusst stärken möchtest.

So geht die Übung:

Hinweis: Lies dir bitte die ganze Anleitung durch, bevor du mit der Übung startest.

1. Nimm dir ein Blatt Papier (gerne DIN A4) und einen Stift zur Hand. Suche dir einen Ort, an dem du ungestört schreiben und meditieren kannst, und mache es dir bequem. Du kannst auch gerne eine Kerze anzünden oder meditative Musik im Hintergrund laufen lassen. Wichtig ist, dass dich eine Energie umgibt, in der du dich wohlfühlst.
2. Atme tief durch die Nase ein und tönend durch den Mund wieder aus. Wiederhole dieses Tönen so oft, bis du das Gefühl hast, dass sich eine neue Art der Ruhe in dir ausbreitet.
3. Nimm das Blatt Papier und lege es quer vor dich hin. Schreibe oben mittig die Überschrift »Meine Werte« hin. Lasse dir bei dieser Übung Zeit und achte darauf, achtsam zu schreiben. Nicht nur unsere gesprochenen Worte haben Auswirkung auf unsere Energien, auch diejenigen, die wir zu Papier bringen.
4. Male dann fünf Herzen neben- und untereinander auf das Blatt Papier (siehe Bild »Deine Werte«) und achte darauf, dass du innerhalb der Herzen ausreichend Platz zum Schreiben hast.
5. Schaue dir nun diese fünf leeren Herzen an. Gehe in dich und frage dich, welche fünf Werte dir im Leben am wichtigsten sind. Lege gerne hierfür deine Hand auf dein Herz und spüre in dich hinein. Beginne beim ersten Wert und arbeite dich bis zum fünften vor. Welche Werte bilden dein Fundament? Nach welchen Werten lebst du oder möchtest du leben, damit du ein

glückliches, erfülltes Dasein genießen kannst? Welche Werte sind dir im Leben wirklich wichtig?

6. Hast du einen Wert für dich gefunden, so schreibe ihn in eines der Herzen. Lege dann deine Hand auf das beschriebene Herz, schließe die Augen und spüre in diesen Wert hinein. Wie fühlt er sich an? Wie fühlt sich dein Leben an, wenn dieser Wert stark präsent ist? Lasse dir Zeit und beobachte deine Gedanken und Gefühle.
   Beispiel: Dir ist die Liebe sehr wichtig und du schreibst sie in das erste Herz hinein. Du spürst, wie dich Liebe durchflutet und wie wundervoll es ist, diese Liebe im Leben zu spüren. Du denkst an deine Familie und Freunde und lächelst.

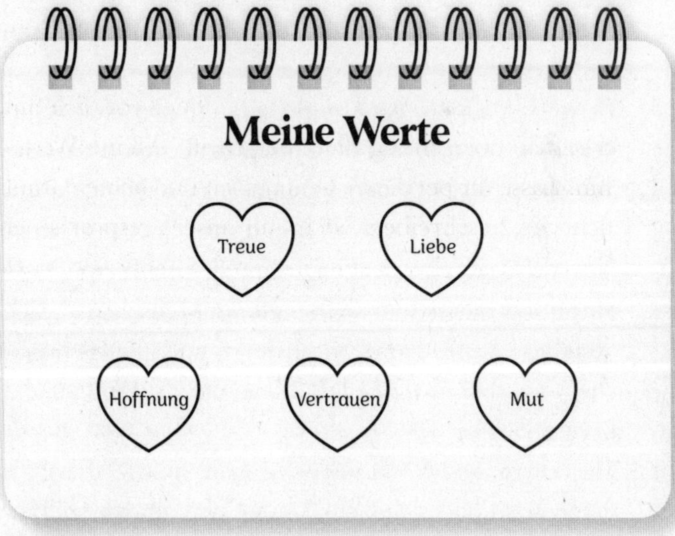

Deine Werte

7. Gehe dann zum nächsten leeren Herz und schreibe den nächsten deiner Werte hinein. Wiederhole den vorherigen Schritt, bis du alle fünf Werte festgelegt und sie deutlich gespürt hast.

Hier einige Beispielwerte zur Inspiration: Offenheit, Verantwortlichkeit, Ehrlichkeit, Entschlossenheit, Treue, Liebe, Dankbarkeit, Selbstsicherheit, Vertrauen, Mitgefühl, Barmherzigkeit, Freude, Freiheit, Furchtlosigkeit, Gewissenhaftigkeit, Hoffnung, Respekt, Optimismus, Frieden, Tapferkeit, Authentizität, Loyalität, Klarheit, Schönheit, Wahrheit, Kreativität.

8. Gehe dann wieder zu deinem ersten Herz, deinem ersten Wert, zurück. Male ein zweites Herz um dieses bereits bestehende Herz herum und frage dich in diesem zweiten Schritt: Wie kann ich diesen Wert in meinem Leben aktiv vertiefen? Lege auch hierfür eine Hand auf dein Herz und spüre in dich hinein. Welche Aktivitäten fallen dir ein, welche Ideen kommen dir? Schreibe dann um das Doppelherz herum diese Ideen zur Verstärkung deines Werts auf.
   Beispiel: Du malst ein Doppelherz um den Wert »Ehrlichkeit«. Du spürst in dich hinein und siehst, dass du, um diesen Wert in deinem Leben zu vertiefen, ehrlicher mit deinen Gefühlen sein darfst. Du darfst deine eigenen Grenzen schützen, wenn dir eine Person nicht guttut. Du darfst aber auch anderen Menschen ehrlich gestehen, wenn sie dich inspirieren und glücklich machen. Du schreibst all diese Ideen um das Doppelherz herum auf.
9. Hast du deine Ideen aufgeschrieben, so lege abermals deine Handfläche auf das Doppelherz und spüre hinein. Wie fühlt es sich an, noch eine Ebene tiefer zu gehen? Noch ehrlicher zu sein, noch dankbarer zu sein, noch liebevoller zu sein? Wie könnte dein Leben aussehen und sich anfühlen, wenn du diesen Wert ganz bewusst vertiefst?

10. Wiederhole diesen Schritt mit allen fünf Werten, bis jeder Wert ein Doppelherz und Ideen trägt. Schaue dir dann im Gesamtüberblick noch einmal alle deine Werte an. Sie stellen dein Fundament dar und du darfst nach ihnen leben. Versuche so gut es geht, deine Ideen zur Vertiefung umzusetzen, und platziere dein Wertebild bei dir zu Hause sichtbar, damit du immer wieder an deine Werte erinnert wirst.

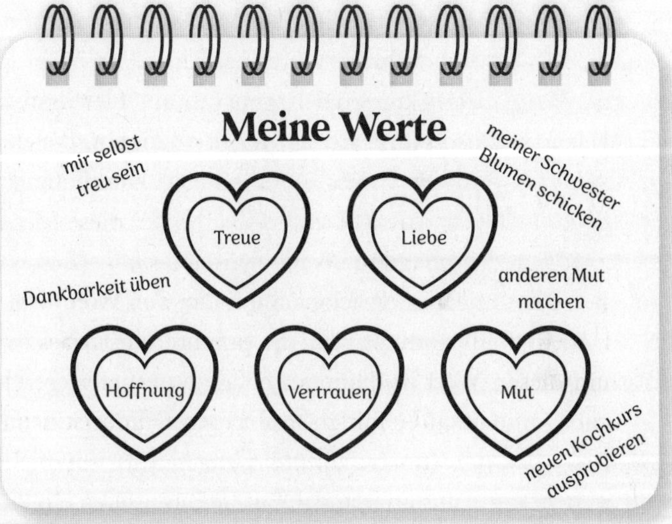

Deine Werte und ihre Vertiefung

Allein durch diese Übung ist dein Fundament noch nicht fix. Aber sie hilft dir ungemein, deine Werte festzulegen und ihre Energie in deinen Energiekörper zu integrieren. Nun liegt es an dir, deinen Ideen nachzugehen und jeden dieser Werte fest in deinem Leben zu verankern.

Ein Pegasus in der Palliativmedizin

Aktuell sind viele Heilerseelen inkarniert. Das sind Seelen, deren Berufung die Heilung des Menschen und seiner Umwelt ist. Heilerseelen tragen oftmals einen gewissen energetischen Anteil des Erzengels Raphael in sich. Diesen erhalten sie, indem sie sich während ihres Seelenindividualisierungsprozesses – also während ihrer Seelengeburt – entweder direkt aus der Energie des Erzengels individualisieren oder zumindest in dessen Nähe ihre Individualexistenz starten. Erzengel Raphael ist der Erzengel der Heilung und Gesundheit; sein grünes Licht wird gerne in Heilsitzungen dazugebeten, um eine Regeneration zu unterstützen. Heilerseelen zieht es in ihrer irdischen Inkarnation daher häufig zum Arztberuf, in die Psychologie oder alternative Medizin, um dort aktiv zu helfen und zu heilen.

Karina war Krankenpflegerin in einem großen städtischen Krankenhaus. Sie kümmerte sich liebevoll um ihre Patienten und war dort als »kleiner Engel« bekannt. Ihr gefiel ihre Arbeit sehr gut und sie liebte es, den Menschen zu helfen und ihnen die Hand zu halten. Karina erzählte mir, dass sie bereits seit ihrer Kindheit Verstorbene deutlich spüren konnte. Ging sie auf einen Flohmarkt oder in ein Antiquitätengeschäft, konnte sie die Energien der ehemaligen Besitzer immer wie einen Windhauch in ihrem Hinterkopf wahrnehmen. Auch im Krankenhaus fühlte sie die Anwesenheit verstorbener Personen und sah sogar manchmal ihre Umrisse. Ich fragte sie, ob ihr das Angst mache, doch sie verneinte es. Sie war sehr medial und hatte eine starke Intuition. Sie sagte mir, dass sie verstehe, dass diese Inkarnation nur ein weiterer Schritt unserer Reise sei und somit die Toten nicht wirklich tot waren.

Trotz ihrer medizinischen Tätigkeit hatte sie allerdings das Gefühl, keine Heilerin zu sein. Sie liebte ihren Beruf und wollte helfen, aber ging von dort jeden Tag mit einem seltsamen Bauchgefühl nach Hause – einem Gefühl, dass sie irgendwie am richtigen und falschen Ort gleichzeitig war. Etwas fehlte ihr zu einer echten Erfüllung in ihrem Beruf und sie setzte große Hoffnung in die Akasha Chronik. Sie bat mich, ihre Berufung nachzufragen, ihre Gaben und Talente, um einen Wegweiser in die richtige Richtung zu erhalten.

Ich fragte in der Akasha Chronik nach und erwartete – wie so oft, wenn ich nach der Berufung fragte –, Karinas Seelenheimat kennenzulernen. Wenn ich mich mit der Akasha Chronik verbinde, fühlt es sich an, als würde ich durch die dichte Wolkendecke, die ich von meinem Bürofenster aus sehen kann, nach oben ins Universum fliegen. Manchmal lande ich direkt in den Wolken und werde von meiner Geistführerin Lady Nada oder einem Engelschor empfangen. Manchmal aber, und so war es in Karinas Reading auch, schwebe ich einfach nur durch die warme Dunkelheit des Universums und fühle mich geborgen und ruhig. Doch anstatt direkt die Seelenheimat zu sehen, nachdem ich meine Frage nach der Berufung gestellt hatte, blieb ich noch einige Momente in der Schwerelosigkeit des Weltalls. Dann konnte ich plötzlich einen kleinen Punkt wahrnehmen, der immer größer wurde: die Erde. Ich fragte, ob die Erde Karinas Seelenheimat sei, und wurde nur liebevoll ermahnt, geduldig zu sein. Also lehnte ich mich gedanklich zurück und ließ den blauen Planeten näherkommen und immer größer werden.

Es bewegte sich etwas auf der Erdoberfläche – etwas, das definitiv nicht menschlich war und auch nicht zur Energie der Erde gehörte. Ich sah, wie eine Gruppe weißer Pferde wie in Zeitlupe von der Erde weggaloppierte. Sie kamen näher und ich schärfte meine Hellsinne – vor allem meine Hellsichtigkeit, um sie deutlicher zu erkennen. Denn es waren keine Pferde, sondern weiße pferdeähnliche Wesen mit großen, ebenso weißen, weichen Flügeln. Die Hörner, die sie trugen, waren eher klein und rundlich und nicht so spitz, wie wir sie sonst von Einhörnern oder Alicornen kennen. Der Begriff des Pegasus kam mir hellwissend in den Sinn und deshalb blieb ich bei diesem Namen. Sie bewegten sich so anmutig in einer Formation aus fünf Wesen. Es umgab sie ein warmweißes Leuchten und ein Gefühl, das sich mit Worten nicht beschreiben lässt. Ihre Gegenwart fühlte sich an wie weiche Baumwolle und der sanfte Duft eines geliebten Zuhauses. Wie barmherzige Worte und die Geborgenheit einer liebenden Mutter. Sie ritten an mir vorbei und hinterließen so viel Liebe, die von Sekunde zu Sekunde stärker wurde, bis sie den Raum um mich herum mit ihrer Energie ganz eingenommen hatten. Erst dann sah ich, dass sie nicht allein unterwegs waren. Auf ihren Rücken schlummerten, wie in einem Federbett, Menschen mit geschlossenen Augen und einem glücklichen Lächeln auf den Lippen. Es waren viele alte Menschen, aber auch jüngere Erdenbewohner. Sie alle hatten einen friedlichen, ja fast schon himmlischen Ausdruck auf ihren Gesichtern. Ich blickte den Flugwesen nach, als sie längst an mir vorbeigeritten waren, und sah, wie ihre menschlichen Passagiere sich langsam jeweils in ein helles weißes Licht verwandelten und zurück zur geistigen Welt fanden.

Die Sari

Meine Geistführerin gesellte sich zu mir und erklärte mir, was ich gerade gesehen hatte. Diese dem Pegasus ähnlichen Wesen nannte man »Sari«. Das Wort »sari« kommt aus dem Sanskrit und bedeutet »Stoffstreifen«. Wer sich gerne Bollywoodfilme anschaut, wird den Sari als traditionellen Wickelrock für Frauen kennen, der in Südasien oft getragen wird. Sari ist auch ein weiblicher Name, der im Indonesischen »Wesen« und »Essenz« bedeutet. Und so wie sich Seide oder Baumwolle an die Haut schmiegt, sie wärmt und schützt, vielleicht auch tröstet, so legen sich die himmlischen Sari-Wesen um die Seele eines sterbenden Menschen, um sie zu schützen, zu wärmen, zu trösten. Ich verstand, warum ich beim Anblick dieser Wesen das Gefühl von Baumwolle gespürt und mich wie in ein warmes Handtuch gewickelt gefühlt hatte.

Lady Nada erklärte mir, dass Sari Inkarnationsbegleiter seien. Sie holen die Seelen sterbender Menschen auf der Erde ab und fliegen sie zurück ins Universum, zurück in die vertraute Heimat der geistigen Welt. Nicht jede Seele wird von einem Sari am Ende ihres menschlichen Lebens abgeholt. Nur Menschen, die viel Angst vor dem Sterben oder einen grausamen, schmerzhaften Tod erfahren, werden von einem Sari begleitet. Das liege daran, dass der Frequenzunterschied bei diesen Menschen zu groß sei.

Die geistige Welt (und somit auch der Tod an sich) ist hochfrequent. Jeder Mensch, der eine Nahtoderfahrung erlebt hat, wird hier zustimmen können. Die Energie der geistigen Welt ist voller Liebe und Geborgenheit, voller Frieden und Licht. Verlässt eine Seele diesen Planeten, so wird sie direkt mit dieser hochfrequenten Liebe konfrontiert. Ist der Mensch vor seinem Tod selbst in einer hohen Frequenz des Vertrauens oder der Liebe, so ist der Übergang in die geistige Welt sanft und eben. Die Seele wechselt lediglich den Ort – von einer hohen Frequenz in die nächste. Hat ein Mensch große Angst im Moment seines Todes, entweder aufgrund der Unsicherheit, die auf ihn zukommt, oder aufgrund von Schmerzen, so sinkt seine Grundfrequenz. Der Übergang in die hohen Frequenzen wäre in diesem Fall sehr schwierig und die Distanz sehr groß – so, als würde man versuchen, von der ersten Treppenstufe ganz unten auf die allerhöchste Stufe zu springen. Eine solche Seele verlässt den Energieraum der Erde dann mit einer niedrigen Frequenz, weshalb hellfühlige und mediale Menschen diese »Restenergien« nach dem Tod einer solchen Person im Raum oftmals stark negativ spüren können.

Doch keine Sorge – hier kommen die Sari ins Spiel. Ein Sari holt diese Seele ab und fliegt sie zurück in die geistige Welt.

Er fliegt mit ihr durch eine Zwischendimension, um der Seele den Übergang zu erleichtern. Auf diesem Flug hebt der Sari die Frequenzen der Seele auf seinem Rücken nach und nach an, bis diese Seele ganz in der bedingungslosen Liebe ist und sich in ihrer authentischen Seelenenergie als grenzenloses Licht zeigen kann. Ich erinnerte mich, dass sich die Menschen auf den Rücken dieser fliegenden Wesen am Ende ihrer Flugreise in Licht verwandelten, und nickte Lady Nada zustimmend zu. Sari bereiten also Seelen, die ihre Inkarnation verlassen möchten, vor, indem sie ihre Frequenzen anpassen. Sie begleiten die Seele am Ende ihrer Inkarnation und »arbeiten« daher als Inkarnationsbegleiter.

Viele Menschen haben Angst, nach dem Tod in einer Zwischenwelt festzustecken und nicht »ins Licht« zu finden. Lady Nada erklärte mir im Reading, dass die Existenz der Sari genau dies verhindert. Es gibt also keine Seele, die nach ihrem Tod nicht zurück ins Universum findet. Was jedoch regelmäßig bei niedrigfrequentem Ableben passiert, ist das Hinterlassen von sogenannten Seelenenergieanteilen.

Seelenenergie wieder auffüllen

Eine Sache vorweg ist sehr wichtig: Eine Seele kann sich niemals teilen. Deine Seele ist also immer vollständig. Niemals verlierst du einen Teil deiner Seele oder gibst etwas von ihr ab. Deine Seele ist unglaublich magisch, sie kann an mehreren Orten gleichzeitig sein, aber sie ist immer ganz. Was wir allerdings regelmäßig im Alltag verlieren, sind sogenannte Seelenenergieanteile. Die Seelenenergie ist der Akku unserer Seele. Wenn wir uns intensiv ärgern oder streiten, verbrauchen wir Teile dieser Energie aufgrund der niedrigen Frequenzen der Situation, in der wir uns befinden. Deshalb setzen uns heftige Auseinandersetzungen gerne für mehrere Tage außer Gefecht. Unsere Seelenenergie, oder zumindest ein Teil davon, wurde dann verbraucht. Diese Seelenenergieanteile bleiben oft in dem Raum, in dem wir sie verloren haben, oder in der Nähe der Person, die am Streit oder Ereignis beteiligt war. Wir hinterlassen also energetische Fußabdrücke, sogenannte Blueprints, die von hellfühligen Menschen deutlich wahrgenommen werden können.

Seelenenergieanteile können wir aber problemlos wieder auffüllen und verlorene Energie zurückholen. Haben wir wenig Seelenenergie verbraucht, reicht es meist aus, diese durch Selbstliebe, Zeit in der Natur und Stärkung des Sakral- und Herzchakras wieder aufzufüllen. Bei intensiveren Verlusten durch zum Beispiel traumatische Ereignisse verlieren wir viel dieser Energie auf einmal, sodass diese Seelenenergieanteile im Raum als größere Blueprints verbleiben. Dann ist es leichter für unsere Seele, diese wieder aufzusammeln, anstatt sie von Grund auf neu aufzufüllen. Das können wir tun, indem wir das traumatische Ereignis in der Tiefe bearbeiten und Frieden schließen. Führt das Ereignis jedoch zum Tod einer Person, sucht die Seele meist in ihrer Folgeinkarnation den Ort des Verlustes auf, um diesen Seelenenergieanteil wieder zurückzuholen. Deshalb erinnern wir uns manchmal an Orte, an denen wir vorher noch nie waren – zumindest nicht in dieser aktuellen Inkarnation.

Eine Person, die gewaltvoll ums Leben kam oder bei ihrem Tod viel Angst hatte, hinterlässt größere Spuren als jemand, der friedlich ging. Deshalb fühlen viele Hellsichtige an Tatorten sehr niedrige Energien und die Anwesenheit des Verstorbenen. Es reicht aber bereits eine gründliche Reinigung aus, um die energetischen Anteile dort zu transformieren und an ihren Besitzer zurückzusenden. Sei dir aber immer gewiss: Jede Seele findet nach ihrem Tod dank der Arbeit der Inkarnationsbegleiter zurück nach Hause. Niemand steckt fest.

Inkarnationsbegleiter

Karina ist ein solches Flugwesen – ein Sari, der sterbende Menschen abholt und sie ins Licht begleitet. Sie fühlte sich deshalb so fremd und gleichzeitig so vertraut in ihrem Beruf, weil sie auf der falschen Station arbeitete. Ich bekam in der Akasha Chronik die Botschaft, dass sie sich überlegen solle, in die Palliativmedizin zu wechseln. Dort dürfe sie als Sari in menschlichem Gewand den Sterbenden die Angst vor dem Tod nehmen und sie auf ihre Reise vorbereiten, indem sie gemeinsam mit den Patienten ihre Frequenzen erhöhe. Durch Lichtmeditationen und warme Worte solle sie Liebesfrequenzen verbreiten und den Menschen Vertrauen in ein lichtvolles Leben nach dem irdischen Tod spenden. Sie solle Klangschalen und Aromatherapie in ihrer Arbeit einsetzen, um das Herzchakra ihrer Patienten zu erreichen und zu energetisieren.

Sie selbst dürfe noch stärker an und mit ihrem dritten Auge und Kronenchakra arbeiten, weil die Sari ausschließlich telepathisch über ihr drittes Auge kommunizieren, welches hinter ihrem Horn liegt. Sie solle sich also mit ihrer Seelenessenz verbinden, um die Fähigkeiten der Sari in ihrer Berufung zu channeln und im Krankenhaus in die Welt zu tragen. Das sei keine leichte Aufgabe, da sie vermehrt mit negativen Emotionen und Ängsten konfrontiert werden würde. Aus diesem Grund sei es für sie immens wichtig, sich regelmäßig energetisch zu schützen und zu reinigen. Ich empfing durch die Akasha Chronik ein tägliches Ritual für Karina. Sie solle am Morgen nach dem Aufwachen eine weiße Lichtkugel um sich herum visualisieren, die jegliche Energie, welche ihr nicht dient, von ihr fernhalte. Direkt nach der Arbeit solle sie sich, noch ehe sie ihr Zuhause betrete, einen energetischen Wasserfall über ihrem Kopf vorstellen, der alle Energien, die doch irgendwie hängen geblieben waren und nicht zu ihr gehörten, einfach abwusch.

Karina bedankte sich wertschätzend bei mir und teilte mir mit, dass sie bereits mit dem Gedanken gespielt hatte, die Station zu wechseln und die Palliativmedizin sehr stark mit ihr resoniere. Auch die Seelenessenz der Sari spüre sie deutlich und erfülle sie mit Glück.
Inkarnationsbegleiter gibt es auch am Anfang jeder Inkarnation. Während die Sari sterbende Menschen abholen, bereiten die Hari jede Seele vor, die auf der Erde inkarnieren möchte. »Hari« beschreibt im Sanskrit die Göttlichkeit in ihrer Ausprägung der Liebe und der Herzensnähe und diese Wesen fühlen sich genauso an – wie eine Mutter, die ihre Kinder in die weite Welt entlässt, sie aber vorher noch in Liebe hüllt, damit sie voller Vertrauen auf ihre Reise gehen. Die Aufgabe der Hari besteht darin, die Seele, welche inkarnieren möchte, in eine Art Blase aus Liebe zu hüllen und sie so auf die Erde zu schicken. Diese Blase der Liebe manifestiert sich dann auf der Erde als Fruchtblase der liebenden Mutter. So wird die Seele auf ihrer Reise in die neue Inkarnation zunächst von Liebe umhüllt und lebt in den ersten neun Monaten ihrer irdischen Existenz in der bedingungslosen Liebe des Universums. Sie hat dadurch Zeit, sich an die irdischen Frequenzen langsam zu gewöhnen, ehe die Seele durch die Geburt ganz in die neuen Farben und Klänge der Welt eintaucht.

Akasha Übung: Kerze der Transformation

Kerzenlicht und Feuer im Allgemeinen sind unglaublich heilsam. Auf eine unterbewusste Weise heilt und arbeitet vieles in dir, wenn du dich ganz bewusst auf das Licht einer Flamme einlässt. Ich erinnere mich noch genau an ein vergangenes Herbstfeuer. Mein Arbeitstag war sehr anstrengend gewesen und die Worte einiger toxischer

Freundschaften hingen mir im Hinterkopf. Mein Mann erwähnte ein Herbstfeuer im Nachbardorf, aber ich war zu müde und zu durcheinander und hatte wirklich keine Lust, noch mal aus dem Haus zu gehen. Gott sei Dank ist mein Mann vom Sternzeichen Stier und kann sich daher sehr gut durchsetzen. Er zog die Kinder an und überredete mich, einfach mal hinzufahren. Mürrisch kam ich auf dem Sportplatz des ansässigen Dorfvereins an. Es hatte sich eine große Menschentraube um den Holzhaufen, der mehrere Höhenmeter erfasste, versammelt. Und dann geschah der magische Moment und das Feuer wurde durch die Feuerwehr entzündet.

Ich starrte auf die Flamme, die sich langsam entwickelte, und war ganz und gar verzaubert. Ich fühlte, wie mich das Feuer in seinen Bann zog. Es wurde so heiß, dass viele Besucher sich vom großen Feuer entfernten, aber ich hatte das Bedürfnis, noch näher hinzugehen. Denn ich merkte augenblicklich, wie alle fremden Energien, die mir vorher noch anhafteten, wie jede schlechte Laune komplett weggebrannt wurden. Ein großes Gefühl der Erleichterung und Freiheit machte sich in meinem Herzen breit. Dieses Feuer transformierte in diesen wenigen heilsamen Minuten alles in mir und ich spürte den Zauber und seine Energie am ganzen Körper. Eine Reinigung von oben bis unten, von außen nach innen.

Leider haben wir nicht immer die Möglichkeit, einem solchen großen Feuer beizuwohnen, aber wir können das Feuer im Kleinen durch den Schein einer Kerze herstellen. Ich möchte dir deshalb eine schöne, kleine Übung mitgeben, die mir meine Engel in der Akasha Chronik geschenkt haben. Sie hilft dir, deine Ängste zu transformieren. Hierbei ist es egal, um welche Angst es sich handelt: ob es die Angst ist, beruflich festzustecken, oder ob es Geldsorgen sind oder gar ein ganz anderes Thema. In dieser Übung geht es nicht darum, deine Angst für immer loszulassen. Das kann passieren, ist aber nicht Sinn dieser Technik. Vielmehr geht es darum, die intensive Reinigungskraft des Feuers zu nutzen, um den Transformationsprozess einer Angst zu starten und dir ein bisschen Arbeit abzunehmen. Unsere Ängste sind manchmal so groß, dass wir nicht wissen, wo wir anfangen sollen, um sie zu bearbeiten und aufzulösen. Manchmal lähmt uns eine Angst so sehr, dass wir uns nicht trauen, sie überhaupt anzugehen. Und genau in solchen Momenten dürfen wir uns von der Natur helfen lassen: vom Element Feuer.

So geht die Übung:

1. Suche dir eine schöne Kerze im Drogeriemarkt deines Vertrauens aus. Es darf ruhig eine größere Kerze sein, also kein kleines Teelicht. Spüre in die Auswahl deiner Kerze hinein und wähle die Kerze, die sich für dich nach »Transformation« und »Heilung« anfühlt.
2. Setze dich dann zu Hause in Ruhe hin und komme zu dir. Entspanne dich, atme tief durch die Nase ein und durch den Mund wieder aus und spüre, wie sich eine sanfte Ruhe in dir ausbreitet.
3. Denke dann an eine Angst, die du transformieren möchtest. Eine Angst, die du gerne in etwas Kraftvolles verändern würdest. Wie fühlst du dich in dieser Angst? Was löst diese Angst aus? Gehe gedanklich kurz und so objektiv, wie es dir möglich ist, in diese Angst hinein.
4. Zünde dann deine Kerze an und betrachte die Flamme, die sich entwickelt.

5. Schaue aufmerksam in das Licht dieser Flamme und stelle dir dann vor, wie das Licht deine Angst sanft und transformierend ausbrennt. Lasse die Magie des Feuers einfach auf dich wirken und alle Gedanken und Gefühle zu, die in diesem Prozess hochkommen.
6. Wie ein Phönix, der aus seiner Asche erwacht, darf sich deine Angst verwandeln. Frage dich daher, in was du diese Angst verwandeln möchtest. In Mut? In Liebe? In Stärke? In Freiheit?
7. Nimm dir Zeit und beobachte einfach nur diese Flamme. Es geht nicht darum, deine Angst komplett loszulassen, sondern vielmehr die Energie des Feuers zu nutzen, um den nächsten Heilschritt anzustoßen. Das kann bereits eine vollständige Heilung sein, das kann aber auch nur ein kleiner Stupser sein, der dir hilft, deine Angst besser zu verstehen.
8. Wenn du das Gefühl hast, fertig zu sein, bedanke dich liebevoll bei der reinigenden Kraft der Flamme und puste die Kerze sanft aus.

Spüre noch eine Weile in deine aufkommenden Gefühle hinein und notiere dir gerne deine Gedanken zu diesen Fragen:

Wie fühlt sich meine Angst jetzt an?
Was hat sich verändert?
Was wurde klarer?

Du kannst diese Übung jederzeit wiederholen, auch mit der gleichen Angst. Du wirst merken, dass immer eine weitere Schicht dieser Angst durch das Feuer abbrennt und das Feuer dir so hilft, näher an den Kern und Ursprung deiner Angst zu finden.

Diese Übung funktioniert mit kleinen und großen Ängsten, aber auch einfach nur mit Themen, die einer Transformation bedürfen. Wenn du zum Beispiel deinen Beruf wechseln möchtest und zwar keine Angst vor dem Wechsel hast, aber nicht weißt, wo du anfangen sollst, kannst du diese Übung ebenfalls nutzen. Stelle dir vor, das Feuer brenne die Schicht der Unwissenheit ab und transformiere sie in Klarheit und Motivation, die richtige Richtung einzuschlagen.

Die Frau im Mond

Isa schrieb mich an und bat mich um ein Reading. Sie hatte vor vielen Jahren einige Semester Psychologie studiert, sich dann aber dafür entschieden, in die Lehre einer Bürokauffrau zu gehen, um ein bisschen Geld verdienen und ausziehen zu können. Sie war verheiratet, hatte zwei Kinder und seit einigen Monaten das starke Gefühl, ihren Beruf verlassen zu wollen. Das hing nicht nur damit zusammen, dass sie ein ganz neues Kollegenteam bekommen hatte, welches eine sehr negative Arbeitsatmosphäre erschuf. Vielmehr spürte sie mit jeder Faser ihres Seins, dass sie nicht mehr in das Unternehmen und die Arbeitnehmerrolle passte. Sie erzählte mir, dass sie immer ein sehr selbstständiger Mensch und vor allem eine unglaublich gute Zuhörerin gewesen war. Im Freundeskreis war sie bekannt für ihre kostenlosen »Isa-Sitzungen«, die meist bei ihr zu Hause mit einer Tasse Tee und selbst gebackenem Kuchen stattfanden. Sie liebte es, anderen Menschen beim Erzählen ihrer Schwierigkeiten zuzuhören, und hatte auf magische Weise immer die richtigen Rückfragen und Impulse wie Asse im Ärmel. Ihre Freunde und Verwandten verließen die Teerunden immer mit Leichtigkeit und Klarheit.

Deshalb spielte Isa mit dem Gedanken, sich als Coach oder Therapeutin selbstständig zu machen, nur die Richtung fehlte ihr. Sie bat mich also, in der Akasha Chronik nachzufragen. Nun war sie an der Reihe, den richtigen Impuls für ihre Entscheidung zu erhalten.
Die Akasha Chronik gewährte mir zunächst einen Einblick in eine mögliche Zukunftssituation. Ich sah Isa, wie sie in einem stilvollen, aber dennoch sehr gemütlichen Coachingraum saß und ihrem Gegenüber aufmerksam zuhörte. Ich sah im Raum viele Lichtquellen – Stehlampen, hängende Deckenleuchten, Kerzen und kleine Lichtelemente in verschiedenen Formen, allesamt in einem warmen Weißton. Es war offensichtlich, dass Isas Bauchgefühl goldrichtig lag in der Annahme, sie solle beratend tätig werden. Hellwissend ließ ich meinen Blick durch den Raum hin zum Fenster gleiten und bemerkte, dass es draußen bereits dunkel geworden war. Der große, runde Vollmond schien am Himmelszelt und verlieh der Gesamtsituation eine ganz besonders magische Atmosphäre.

Der Erdenmond ist ihre Seelenheimat.

Ich nahm eine mir unbekannte, aber sehr sanfte Stimme durch mein Hellhören wahr und staunte. Ich bat die Akasha Chronik um weitere Informationen zu Isas Seelenheimat und landete prompt auf dem Mond. Es war zauberhaft, die Erde von oben zu sehen. Das passiert mir sehr oft in meinen Readings, aber es wurde nie langweilig, ganz im Gegenteil. Es erfüllt mich jedes Mal aufs Neue mit Faszination. Der Mond war also Isas Seelenheimat. Ihre Seele hatte daher ein tiefes Verständnis für den Umgang mit Emotionen, mit dem Unterbewusstsein, aber auch mit dem Leben im Zyklus.

Die Kraft des Mondes

Wir fühlen uns in Neumond- oder Vollmondnächten oft anders oder besonders, weil der Mond unsere Gefühle verstärkt. Er zeigt uns unser Inneres, unsere Emotionalität und die Aspekte unseres Seins, die wir manchmal verstecken möchten, weil wir uns schämen oder Angst davor haben, Schwäche zu zeigen. Aus diesem Grund verbinden sich viele Menschen in besonderen Mondnächten oft mit ihren Gefühlen und nutzen die Kraft des Mondes, um Klarheit über sie zu gewinnen.

Isa dürfe sich mit ihrer Mondseele verbinden. Sie hatte sich damals bestimmte Fähigkeiten ihrer Mondheimat zu eigen gemacht, um diese nun in ihrer Berufung und Arbeit als Coach oder Therapeutin zu nutzen. Sie war deshalb so gut darin, die Gefühle anderer Menschen zu deuten und ihnen durch Wortimpulse die richtigen Emotionen zu entlocken. Menschen fanden zu ihr, um ihre Gefühle mitzuteilen und sie besser zu verstehen. Genau hierauf solle sie ihren Fokus legen – auf die Arbeit mit versteckten Gefühlen und der Intuition.

Doch nicht nur der emotionale Aspekt ihrer Mondseele durfte in ihre künftige Tätigkeit einfließen. Sie solle sich ausschließlich auf die Arbeit mit Frauen konzentrieren und durch Zyklusarbeit helfen, diese Frauen in eine verstärkte Intuition und einen natürlichen Rhythmus zu bringen. Ich sah in der Akasha Chronik den wundervollen Zyklus des Mondes. Wie er von der Sonne angeleuchtet am Nachthimmel seine Form änderte, wie er voll wurde und dann wieder komplett aus dem Sichtfeld verschwand. Immer und immer wieder aufs Neue, in einem unendlichen Rhythmus voller Balance.

Unabhängig von der Berufung darf sich jeder Mensch dieses Planeten ein Vorbild am Mond nehmen. Jeder Mensch geht durch kleine und große Zyklen im Leben. Wir sind als Teil der Schöpfung auch Teil eines immerwährenden Kreislaufs. Im

Laufe der letzten Jahrhunderte haben wir vieles verlernt – geschuldet der modernen Tatsache, dass uns alles jederzeit verfügbar ist. Das hat große Vorteile und große Nachteile. Auf der einen Seite können wir alles zu jeder Zeit erreichen: Wir können Rosen im Winter blühen lassen und Bananen am Nordpol essen. Wir können dank Homeoffice und Elektrizität zu jeder Tages- und Nachtzeit arbeiten und in vielen Städten selbst um 21 Uhr noch beim Supermarkt um die Ecke einkaufen gehen. Auf der anderen Seite verlernen wir dadurch, uns mit unserer Intuition zu verbinden und die richtigen Zeitpunkte für bestimmte Aktivitäten und Wachstum abzuwarten – ja wir verlieren gar die Fähigkeit, geduldig zu sein. Wir stolpern in ein Hamsterrad eines sich immer in Dynamik befindenden, niemals zur Ruhe kommenden Bewegungsmechanismus und schaffen es nur noch, uns durch körperliche Krankheiten abzubremsen. Wir kämpfen gegen unsere Ruhephasen an, getrieben durch die Angst vor Unproduktivität.

Und eigentlich möchten wir doch alle wie auch der Mond nach natürlichen Zyklen leben und diese Zyklen ehren. Wir alle sind manchmal voll – voll von Leben und Freude, von Motivation und Kraft. In diesen Momenten zeigen wir uns gerne im Außen, stoßen Projekte an und bewegen uns schnell weiter. Doch wie auch der Mond die Zyklen wechselt, dürfen wir alle Phasen unseres Zyklus genießen, weil jede Phase gleich wichtig ist – die Kraftphase wie auch unsere Pausenphase. Wir müssen unser Licht nicht permanent nach außen tragen, nicht durchgehend im Kraftmodus sein. Um zu heilen, hilft es, unser Licht für einige Zeit für uns zu behalten, uns nach innen zu kehren und in die Stille zu finden. Wenn wir unser Licht nur nach außen strahlen lassen, können wir gar nicht sehen, was in uns passiert, weil wir unser Innenleben nicht beleuchten können. Nur durch Pausen schaffen wir es, wieder vollständig in der eigenen Kraft zu erstrahlen und dann wieder zum »Vollmond« zu werden.

Als Frauen dürfen wir zusätzlich unseren weiblichen Zyklus betrachten. Jeden Monat gehen wir die inneren vier Jahreszeiten durch: unsere Follikelphase als Frühling, voller Neubeginn und Frische, unsere Ovulationsphase als Sommer, voller Energie und Kraft, unsere Lutealphase als Herbst, mit Stimmungsschwankungen im herbstlichen Wetter, und unsere Menstruationsphase als Winter, als Rückzug. Je deutlicher wir unserem Zyklus folgen, desto leichter finden wir in unsere Kraft und verbinden uns mit der Intuition. Das ist im hektischen Arbeitsalltag nicht immer einfach, aber es zählen die kleinen Bemühungen, die wir tätigen, um zurück in unsere natürliche Balance, unseren natürlichen Kreislauf zu finden. Ein kleines, kreatives Projekt in der Frühlingsphase, sportliche Betätigung im Ovulationssommer, eine ausgleichende Atemmeditation im Herbst des Zyklus und eine warme Tasse Tee mit Lieblingsbuch in der roten Rückzugsphase. Apropos Jahreszeiten: Die Akasha Chronik verriet mir, dass auch unsere wetterabhängigen Jahreszeiten gerne genutzt werden sollen, um das Leben in Zyklen wieder zu lernen. Der Körper mache hier vieles automatisch – so betreiben wir im Dezember viel mehr Innenschau als im August. Das Dekorieren nach den Farben und Motiven der verschiedenen Jahreszeiten helfe hierbei sehr, sich in den Zyklen des Jahres energetisch wiederzufinden. Kürbisse im Herbst, frische Blumen im Frühling.

In Einklang mit dem Zyklus kommen

Ich fragte nach, wie Isa all dies in ihre Arbeit integrieren dürfe. Zunächst solle sich Isa auf die Arbeit mit Frauen konzentrieren. Sie solle ihren Kundinnen lehren, wieder im Einklang mit ihrem Zyklus zu leben. Da der Mensch nach vielen Zyklen leben kann, solle sie gemeinsam mit ihrer jeweiligen Kundin einen Zyklus bestimmen, egal, ob dies der weibliche Zyklus, der Mondzyklus, der Kraftzyklus oder der Jahreszyklus sei oder eine Kombination aus allen. Gerade Frauen, die sich in ihren Wechseljahren befinden, erleichtere dies, den Übergang des Wegfalls ihres Reproduktionszyklus auszugleichen. Sie helfe ihren Kundinnen nicht nur, in eine energetische Balance zurückzufinden, sondern auch die Intuition zu stärken und die Fähigkeit zu trainieren, den Körper und die eigenen Gefühle richtig wahrzunehmen, um Über- oder Unterforderungen zu vermeiden und so stets aus einer Position der inneren Stärke zu handeln.

Um all das auch vollständig und aus eigener Erfahrung lehren zu können, sei es für Isa deshalb wichtig, sich zunächst selbst mit ihren Zyklen zu beschäftigen. Ich empfing die Botschaft für sie, regelmäßig Mondmeditationen zu machen, um sich wieder verstärkt mit der Energie ihrer Seelenheimat zu verbinden. Sie solle Bücher über den Mond und seine Energien lesen, gerne auch in die Astrologie eintauchen und lernen, energetisch mit der Kraft des Mondes zu arbeiten. Auch die Arbeit mit dem weiblichen Zyklus dürfe sie sich näher anschauen und ihre Erkenntnisse am eigenen Körper austesten. Sie werde schnell merken, dass es ihr leichtfallen wird, nach diesen Zyklen zu leben, da sich ihre Seele an die Mondheimat und ihre Energien erinnern wird. Diese Verbindung dürfe sie nutzen, um eigene Ideen und Inspirationen für Übungen und Therapiemöglichkeiten zu erschaffen. Zuletzt durfte ich ihr aus der Akasha Chronik weitergeben, sie solle einen Mondstein als Halskette nahe am Herzen tragen, um jene Verbindung zu intensivieren.

Dieses Reading war nicht nur für Isa sehr erleuchtend. Auch mir zeigte es wieder, wie viel wir Menschen aus der Natur lernen dürfen. Denn auch die Natur lebt in Zyklen. Das Samenkorn fällt zur Erde und stirbt, um wachsen zu können, um wieder zu sterben und wieder neu zu erblühen. Alles hat seine Zeit und wir dürfen lernen, dieser göttlichen Uhr zu vertrauen, deren Ticken für uns jederzeit wahrnehmbar ist, wenn wir nur achtsam zuhören.

Akasha Übung: Intuitive Farbtafel

Ich arbeite unglaublich gerne mit Farben, denn jede Farbe hat eine ganz eigene Energie und Frequenz. Rot hat eine andere Wirkung als Grün oder als Blau. Du kennst das bestimmt selbst: Du hast eine Zeit lang eine Lieblingsfarbe und dann darf alles, was gekauft wird, diese Farbe tragen: die neue Jacke, der neue Nagellack, ja sogar die Wand im Wohnzimmer. Dann ändert sich deine Lieblingsfarbe und du rechtfertigst diese Änderung oft mit dem Satz »Ich habe mich an dieser Farbe sattgesehen«. Und das stimmt sogar! Im wahrsten Sinne des Wortes hat uns diese Farbe energetisch gesättigt, weil wir ihre Heilenergie aufgenommen haben und diese nun nicht mehr brauchen. Wir können durch Farben also nicht nur erkennen, welchen energetischen Mangel wir haben, sondern diesen auch teilweise ausgleichen und Heilung begünstigen.

Ein kleines persönliches Beispiel: Durch meine Arbeit mit der Akasha Chronik nutze ich meine Hellsinne und mein drittes Auge sehr intensiv. Mein Kronenchakra und mein Stirnchakra werden daher dauerhaft beansprucht. Das führt dazu, dass ich mich – um keine Disbalance im Energiekörper zu verursachen – regelmäßig und intensiv erden darf. Die Farbe des Wurzelchakras und der Erdung ist rot. Deshalb trage ich nach intensiven Readings in der Akasha Chronik gerne rote Kleidung oder male mir blutrote Lippen. Ich spüre, wie mich diese Farbe wieder auf den Boden bringt und mir Kraft spendet.

Passend zur Intuitionskraft des Mondes aus unserer Akasha Story möchte ich dich dazu ermutigen, heute in dich hineinzuspüren und dich zu fragen, welche Farbenergie du aktuell brauchst. Verbinde dich mit deiner Intuition und nutze diese Übung gerne regelmäßig – als Training und Hilfestellung.

So geht die Übung:

1. Zunächst darfst du die Bastelkünste deiner Grundschulzeit wieder aktivieren: Bastle dir Farbtafeln (zum Beispiel in Form kleiner Kreise) zu den folgenden Farben: Weiß, Schwarz, Rosa, Rot, Orange, Gelb, Lila, Blau, Grün. Wähle die Größe der Kreise so, dass ein Kreis gut in deine Handfläche passt.
2. Setze dich dann aufrecht hin und lege die Kreise vor dir hin. Nimm zur Entspannung einen tiefen Atemzug und komme bei dir an. Betrachte die Kreise, die vor dir liegen. Jede Farbe strahlt eine eigene Heilenergie aus. Nimm die Kreise dann jeweils abwechselnd in deine Hand. Diese Übung hilft vor allem gut, wenn du merkst, dass dir etwas fehlt oder es dir nicht so gut geht. Du kannst sie also als eine Art SOS-Übung nutzen.
3. Spüre in dich hinein und frage dich:

   Welche Farbe brauche ich gerade?
   Welche Farbe gibt mir gerade am meisten Kraft?

4. Schaue dir an, welche Bedeutung deine gewählte Farbe hat.
5. Wähle dann den Begriff aus, der mit dir resoniert, und gib dir das, was du brauchst. So lernst du, dich anhand dieser Farben mit deiner Intuition zu verbinden, und spürst deutlicher die nuancierten Energien in dir.

Hier findest du eine kleine Aufzählung aller Farbbedeutungen:

- **Weiß:** Freiheit, Frieden, Heilung, Reinigung, Erleuchtung
- **Schwarz:** Stabilität, Kraft, Schutz, Demut, Erkenntnis
- **Rosa:** Zärtlichkeit, Sanftmut, Akzeptanz, Freundschaft
- **Rot:** Kraft, Vitalität, Leidenschaft, Mut, Erdung, Liebe
- **Orange:** Wärme, Lebenskraft, Kreativität, Leichtigkeit
- **Gelb:** Freude, Erkenntnis, Inspiration, Glück, Offenheit
- **Lila:** Transformation, Spiritualität, Hochsensibilität
- **Blau:** Sicherheit, Vertrauen, Ruhe, Ausgeglichenheit
- **Grün:** Natur, Harmonie, Hoffnung, Veränderung, Heilung

Akasha Stories zu Gesundheit und Körper

Wir wissen und fühlen es alle: Körper und Geist hängen zusammen in einem wundervollen Geflecht aus Energie und Liebe. Renommierte Wissenschaftler erkannten in den letzten Jahren, dass unsere Krankheiten oftmals nur ein Schrei unserer Seele sind. In der englischen Sprache wird dies wunderbar deutlich: Das Wort für Krankheit »disease« setzt sich aus »dis« und »ease« zusammen – stellt also eine Abwesenheit des geistigen Zustands »ease« dar und somit eine fehlende Leichtigkeit und unausgeglichene Energiebalance. Als Akasha Chronik Medium möchte ich hier sogar noch einen Schritt weiter gehen: Die energetischen Ursachen vieler körperlicher Beschwerden wurzeln oft in früheren Inkarnationen.

Eine Krankheit ist eine Reaktion unseres Körpers auf einen energetischen Stau oder energetischen Mangel. Diese Disbalance entsteht nicht »einfach so« von heute auf morgen. Sie baut sich im Laufe einer, meist sogar mehrerer Inkarnationen auf und verdichtet sich wie ein Wollknäuel aus verschiedenen Schichten zu dem, was sich dann als Krankheit zeigt. Es liegt an uns, diese Schichten zu erkunden und an die Wurzel unserer Heilung zu stoßen, anstatt nur die Symptome zu bekämpfen. Denn es heilt sich leichter, wenn wir wissen, warum sich jene Krankheit gezeigt hat und warum uns der Körper diese Signale sendet. Wo hat es gestartet? Was wurde bereits aufgelöst und wo darf noch gelöst werden? All das lässt sich wunderbar bildhaft mit der Akasha Chronik beleuchten. Heilen deine Energien, heilt auch dein Körper.

Der Kutscher

Die Geschichte, die ich dir nun erzählen werde, ist mir unglaublich wichtig. Nicht nur, weil es das Reading eines lieben Freundes ist, sondern weil es eines meiner ersten Readings war. Es war das erste Reading, das mir die vielschichtigen Möglichkeiten der Akasha Chronik zeigte. Das erste Reading, das mich verstehen ließ, wie individuell Krankheiten und Energien sind. Das erste Reading, das mich an die Hand nahm und mich lehrbuchartig durch den Ursprung und die Lösung eines Problems führte. Dieses Reading startete alle meine weiteren Versuche, der Akasha Chronik so viele Informationen wie möglich zu entlocken. Dieses Reading war der erste gesetzte Stein meiner weiteren medialen Forschungsarbeit.

Lars war ein guter Freund, dessen Mutter Heilpraktikerin war. Wir waren gemeinsam mit einigen anderen Freunden wandern und kamen ins Gespräch. Umgeben von malerischen Hügeln der Fränkischen Schweiz, redeten wir über die geistige Welt und staunten über die Wunder unserer Erde. Er erzählte mir von seinen spirituellen Erfahrungen und ich ihm von meinen ersten Readingversuchen in der Akasha Chronik. Ich hatte damals kurz zuvor zum ersten Mal hellsichtig in der Akasha Chronik Botschaften empfangen und es juckte mich in den Fingern, diese Fähigkeit zu trainieren. Ich nahm damals jede Gelegenheit wahr, daran zu üben, denn Übung macht bekanntlich den Meister. Lars lauschte gespannt meinen Erzählungen und ich sah in seinem Blick, dass er mein nächstes Reading sein würde.

Dann erzählte er mir von seinen Rückenschmerzen. Diese plagten ihn seit vier Monaten. Sie waren plötzlich über Nacht aufgetaucht und ließen ihn nicht in Ruhe. Die Schmerzen fokussierten sich vor allem im Schulterbereich, strahlten aber in den gesamten Rücken aus. Die allgemeine und alternative Medizin konnte ihm nicht helfen, denn rein physiologisch war er gesund.

Keine Verspannungen, keine Zerrungen. Psychisch ging es ihm auch gut, sehr gut sogar – er bewegte sich viel an der frischen Luft, ernährte sich gesund und war glücklich in Beruf und Beziehung. Er vertraute mir an, dass sein Bauchgefühl ihn in eine ganz andere Richtung lenkte. Er fühlte, dass diese Schmerzen einen überirdischen Grund hatten, und bat mich, in der Akasha Chronik nachzufragen.

Im Reading spürte ich als Erstes die frische Umarmung eines bunten Herbsttags. Es war kalt, obwohl noch kein Schnee lag. Die Bäume waren mit goldenem Laub geschmückt, der Himmel leicht bewölkt, und doch schafften es ein paar Sonnenstrahlen hier und da durch die dichte Wolkendecke. Ich fühlte das Jahr 1748 und sah eine kleine, alte Holzkutsche, die einen Waldweg entlangfuhr. Es war eine einfache Pferdekutsche, die damals zum Transport genutzt wurde. Händler fuhren mit ihr von Dorf zu Dorf, egal zu welchen Wetterbedingungen. Der Kutscher, der das Pferd führte, war ein alter Mann mit weißem Bart. Ich spürte, wie der kalte Wind seine Glieder zittern ließ, und vielleicht wirkte er auf den ersten Blick wie ein strenger, mürrischer Zeitgenosse, der schon viel gesehen und erlebt hatte. Aber sein Blick war so warm wie der Frühling selbst. Es war ein Mann, der vor Barmherzigkeit und Mitgefühl nur so strahlte.

Meine Engel erklärten mir, dass dies Lars' frühere Inkarnation war. Er war nicht nur Kutscher – er war Apotheker, der das ganze Land bereiste und die Menschen mit seinen Natursäften heilte. Ein rastloser Wanderer, der seine Arbeit über alles liebte. Diese Liebe spürte ich deutlich am eigenen Körper, als mir die Akasha Chronik die dankbaren Worte seiner Patienten zuflüsterte und ich die Wertschätzung in ihren Augen sah. Eine Wertschätzung, die der Kutscher augenblicklich spiegelte. Das war sein Leben – er heilte Menschen und dort, wo er nicht heilen konnte, spendete er Trost.

Doch die Reisen waren anstrengend. Denn egal, ob die Sonne schien oder es stürmte, der Kutscher fuhr auf seinem Pferdewagen weiter. Ohne Schutz und Verdeck, den natürlichen Wetterbedingungen vollkommen ausgeliefert. So kamen seine Rückenschmerzen zustande. Er saß meist mehrere Stunden, mehrere Tage in einer sehr unnatürlichen gebückten Haltung auf seiner Kutsche und klammerte sich an die Zügel seines Pferds. Das verursachte nicht nur starke Verspannungen, sondern eine Verformung seiner Wirbelsäule und verkürzte viele Muskeln.
Ich fragte nach, warum diese Schmerzen sich in Lars' aktueller Inkarnation akut und plötzlich gezeigt hatten, und die Akasha Chronik verriet mir die Antwort anhand eines Bilds. Auf diesem Bild lag der Kutscher mit einem Lächeln auf den Lippen in seinem Bett und schlief seelenruhig. Er war überglücklich und absolut erfüllt durch seine Arbeit. Er wusste genau, dass dies seine Berufung war, und liebte es, den Menschen mit seinen Gaben Leid abnehmen zu können. Dieses Gefühl trieb ihn voran. Dieses Gefühl ließ ihn weiterziehen, Tag für Tag, Jahr für Jahr. Und weil dieses Gefühl für ihn so wertvoll war, nahm er diesen »Schatz« freiwillig in seine nächste Inkarnation mit.
Ich erinnere mich noch ganz genau daran, wie ich bei dieser Erklärung lächeln musste. Wie menschlich sie doch war. Die Schmerzen zeigten sich Lars in seiner jetzigen Lebenssituation, weil er sehr glücklich war. Sein eigenes Glück erinnerte ihn also an die vergangenen Zeiten und hierdurch erinnerte sich sein Körper an die damaligen Rückenschmerzen. Lars dürfe lernen, dass er sein »altes« Glück nicht mehr brauche, um hier in dieser Inkarnation glücklich zu sein. Er war im Hier und Jetzt bereits in der Fülle des Glücks und diese alten Schmerzen dienten ihm nicht mehr. Er dürfe sie loslassen. Ich erhielt für Lars eine wunderschöne Übung. Er solle sich mit seinem Rücken an einen kräftigen, gesunden Baum lehnen und die Augen schließen. Dann solle er den Baum um Heilung bitten und folgende Worte laut aussprechen: »Das

Glück ist in mir. Ich bin tief verwurzelt und stehe fest im Leben. Ich löse mich von allem, das mir nicht mehr dient. Ich bin dankbar.« Danach solle er sich ein weißes, heilsames Licht vorstellen, das von dem Baum in seinen Rücken fließt und seine Schmerzen heilt. Er solle tief in diese Heilung hineinspüren und sich anschließend liebevoll bei seinem Baum bedanken.
Einige Tage nach dem Reading schrieb mir Lars eine Nachricht auf meinem Handy. Er hatte gerade die Baumübung aus der Akasha Chronik gemacht und fühlte sich voller Liebe. Die Schmerzen seien zwar noch da, aber er hatte das Gefühl, dass sie sich verbessert hatten. Einige Wochen später waren sie ganz vergessen. Er hatte sich durch diese Übung von einer Energie gelöst, die er bis dato festgehalten hatte. Diese Lösung hatte gleichzeitig das Lösen eines energetischen Staus bewirkt, der für die Schmerzen im Rücken verantwortlich war.

Heilung auf geistiger und körperlicher Ebene

Wenn wir etwas auf geistiger Ebene lösen, wirkt sich das immer auch auf die körperliche Ebene aus – und zwar genau so, dass der nächste Schritt der Heilung angestoßen wird. Da Heilung nie linear stattfindet, kann dieser nächste Schritt bei jeder Seele anders aussehen. Es kann eine Verbesserung sein. Es kann, wie auch in der Homöopathie, eine kurzzeitige Verschlechterung sein, weil der Körper durch die veränderte Energie wieder am Schmerzherd arbeitet. Die energetische Auflösung kann aber auch dazu führen, dass die Schmerzen direkt verschwinden, je nachdem, wie fortgeschritten die körpereigene Heilung bereits war.
Eine liebe Freundin hatte starke Schulterschmerzen und ich fragte in der Akasha Chronik, was die Ursache hierfür sei. Ich sah, dass sie die Lasten vieler Menschen wortwörtlich auf ihren Schultern trug und sich hiervon lösen dürfe. Sie solle diese Las-

ten wie einen schweren Rucksack einfach ablegen, weil es nicht ihre Aufgabe sei, diese zu tragen. Ein warmer Leinsamenumschlag auf die Schulter in Verbindung mit einer Visualisierung von Wärme und Liebe in die Schmerzstelle hinein würde Linderung verschaffen. Am darauffolgenden Tag rief sie mich an und erzählte mir freudestrahlend, dass die Schmerzen komplett verschwunden seien. Der menschliche Körper ist ein Wunderwerk. Ebenso seine Verbindung zu seiner Seele.

Akasha Übung: Dreifache Lichtenergie

Meine Readings zeichnet aus, dass ich immer viele praktische Übungen aus der geistigen Welt empfange. Ich frage auch gezielt nach ihnen, weil ich es liebe, energetisch zu arbeiten. Und so kam es, dass ich eines Abends mit den typischen Erkältungssymptomen im Bett lag und mich meine laufende Nase quälte. Urplötzlich kam mir eine – mir völlig unbekannte – großartige Übung in den Sinn. Es war, als hätte sie mir jemand wie ein kleines Geschenk vor die Haustüre gelegt. Sie tauchte einfach in meinen Gedanken auf und ich wandte sie direkt an.

Als ich einige Tage später in der Akasha Chronik nachfragte, wer mir diese Übung übermittelt hatte, bekam ich die Antwort, dass dies eine alte Farbpraxis aus Lemurien war. Meine Geistführerin Lady Nada hatte sie mir geschickt. Sie gesellte sich im Reading zu mir und erinnerte mich daran, dass wir unsere eigenen Heilkräfte nicht vergessen dürfen. Die letzten Jahrzehnte waren davon geprägt, dass wir bei körperlichen wie seelischen Schwierigkeiten immer zuerst Hilfe im Außen gesucht und selten unser Heillicht des Inneren genutzt haben. Wir können vielleicht (noch) nicht jede Krankheit sofort durch unser eigenes Licht ganzheitlich heilen, aber wir können Körper und Geist dadurch immens unterstützen. Deshalb teile ich heute mit dir diese wundervolle Übung. Sie energetisiert deinen Körper und deine stärkt deine Selbstheilungskräfte. Wir arbeiten in dieser Übung mit drei heilenden Farbfrequenzen: Grün, Gold und Kristallweiß.

So geht die Übung:

1. Lege dich bequem hin, achte aber darauf, dass deine Unterlage flach ist und du gerade auf deinem Rücken liegen kannst. Mache es dir gemütlich, indem du dich mit einer dünnen Decke leicht zudeckst.
2. Schließe deine Augen und atme einige Male tief durch die Nase ein und durch den Mund wieder aus. Spüre, wie sich eine wundervolle Ruhe in dir einstellt.
3. Fühle in deinen Körper hinein und lasse dir Zeit für eine kleine Momentaufnahme. Wo spürst du Verspannungen oder Schmerzen? Wo macht sich dein Körper bemerkbar? Spüre auch seine Umrisse. Starte bei deinen Füßen und wandere gedanklich deine Körperteile bis nach oben zu deinem Kopf hinauf.
4. Visualisiere nun die Silhouette deines Körpers und seine Form.
5. Stelle dir dann vor, wie sich ein grünes Heillicht aus deiner Körpermitte heraus ausbreitet und dein Körper in diesem Licht erstrahlt. Grün ist eine wundervolle Heilfarbe, weil sie das Herzchakra und die Verbindung zur Heilkraft der Natur symbolisiert. Spüre intensiv hinein, welche Wirkung dieses grüne Licht auf deinen Körper und deine Energien hat.

6. Visualisiere dann als Nächstes, wie ein goldenes Heillicht aus deiner Mitte deinen gesamten Körper lichtvoll durchflutet und dein Körper golden erstrahlt. Gold ist ein sehr heilsames, entzündungshemmendes Edelmetall. Seine Heilkraft wird von vielen Sternenvölkern sowie auf der Erde in alternativer und allgemeiner Medizin genutzt. Fühle die Wärme dieses goldenen Lichts und wie es in deinem Körper arbeitet.
7. Lasse deinen Körper zuletzt in ein kristallweißes Licht mit buntem Schimmer eintauchen. Dieses reine, heilsame Licht breitet sich ebenfalls aus deiner Körpermitte aus und erfüllt jede Zelle deines Seins. Das Licht ist sehr hochfrequent und beheimatet die gesamte Heilkraft der geistigen Welt. Genieße die Leichtigkeit, die dieses Licht in dir erzeugt, und fühle achtsam, wie sich alle energetischen Staus in ihm auflösen.
8. Fühle so lange in die einzelnen Heilfrequenzen hinein, wie du es brauchst. Bedanke dich dann liebevoll bei der geistigen Welt und deiner eigenen Seele für diese Heilsession.

Du kannst diese Übung auch punktuell anwenden und die Farben nur an bestimmten Schmerzpunkten visualisieren, zum Beispiel an der schmerzenden Schulter oder am schmerzenden Fuß. Sie hilft auch wunderbar bei emotionalen Angelegenheiten.
Beispiel: Du fühlst eine Traurigkeit im Herzen. Lege eine Hand auf dein Herz und spüre, wie durch die Heilkraft deiner Hand zunächst ein grünes, dann ein goldenes und zuletzt ein kristallweißes Licht dein Herz erstrahlen lässt, tröstet und heilt.

Das Übergewicht der Fülle

Das Wort »Fülle« wird im spirituellen Sprachgebrauch nahezu immer positiv assoziiert. Jeder möchte erfüllt sein und in Fülle leben. Fülle an Wohlstand, an Liebe, an Freude. Doch wir dürfen nicht vergessen, dass eine Fülle einfach nur eine sehr, sehr große Menge ist – egal wovon. Daher ist im Leben auch eine Fülle an Trauer oder Wut möglich und wir dürfen vorsichtig sein, wenn wir Fülle manifestieren. Ich versuche deshalb immer, mich so klar wie möglich auszudrücken.

Das ist wichtig, damit ich mich nicht »überfülle« und somit ein Ungleichgewicht an Energien im Körper kreiere. Als ich meine Tätigkeit als Akasha Chronik Medium gestartet habe, hatte ich den kleinen Fehler gemacht, mir wortwörtlich »eine Flut an Readinganfragen« zu manifestieren. Nun rate gerne, was danach passiert ist. Ich bekam so viele Anfragen, dass ich nicht alle bearbeiten konnte und viele Menschen mit Enttäuschung wieder wegschicken musste. Ich habe mich unglaublich über die vielen Rückmeldungen gefreut, aber auch gemerkt, dass ich mit dieser Fülle nicht zurechtkam. Dieses Ereignis lehrte mich viel über das Konzept der Fülle und ich habe das Manifestieren von Fülle präzisiert: Möchte ich etwas Bestimmtes in mein Leben ziehen, so visualisiere ich mir Fülle um mich herum, denn Fülle ist immer da. Sie ist wie die Luft zum Atmen mein ständiger Begleiter. Sie ist für mich jederzeit greifbar, wie bei einem kostenlosen All-you-can-eat-Büfett. Doch ich nehme mir in Klarheit immer nur das, was meine Seele gerade braucht, und immer nur so viel, wie ich auch verarbeiten kann. So vermeide ich die falsche Art von Fülle, aber auch ein energetisches Überfüllen. Wir sind zwar alle grenzenlose Lichtseelen, dürfen aber die Grenzen unseres irdischen Körpers ehren und respektieren.

Das Thema Übergewicht ist aus energetischer Sicht unglaublich spannend. Mir begegnen immer wieder wundervolle Menschen in meinen Readings, die übergewichtig sind und große Schwierigkeiten haben abzunehmen. Nicht, weil der Wille oder die Zeit fehlen, sondern weil ein energetisches Problem dahintersteckt. Sie erzählen mir von ihren Abnehmversuchen, von unterschiedlichen Fastenkuren, Sportprogrammen und Ernährungsumstellungen. Sie enden alle mit der Aussage, dass am Ende doch nichts so richtig funktioniert hat. Diese Menschen spüren oft eine tiefe Blockade bei diesem Thema, als würde sie eine kleine Stimme im Inneren ständig davon abhalten wollen abzunehmen. In der Akasha Chronik bin ich bereits vielen solcher Fälle begegnet. Jedes Mal war diese leise innere Stimme nichts anderes als eine energetische Verbindung, die im Laufe der aktuellen Inkarnation (oder einer früheren) aufgebaut und genährt wurde. Eine Verbindung zwischen körperlicher und energetischer Fülle, die der Person nicht mehr dienlich war. Ich möchte dir heute drei Geschichten erzählen: über drei wundervolle Frauen und ihre ganz unterschiedlichen Verbindungen zwischen diesen beiden Arten der Fülle.

Janas körperliche Fülle

Jana kam zu mir mit dem Wunsch abzunehmen. Sie erzählte mir, dass sie im Leben eigentlich unglaublich glücklich war: Sie hatte einen liebevollen Ehemann, drei erwachsene Söhne mit bereits eigenen Kindern, einen Job, der sie erfüllte, und nun auch ein eigenes Einfamilienhaus, sogar mit Waldanteil. Ihr fehlte nichts im Leben, das war ihr bewusst und dafür war sie unglaublich dankbar. Doch sie hatte schon seit einiger Zeit Schwierigkeiten, ihr Körpergewicht zu verringern, und wollte wissen, warum es ihr so schwerfiel, ihre Trainings- und Ernährungsroutinen umzusetzen. Ich tauchte in die Akasha Chronik ein und spürte sofort die Liebe in Janas Leben. Sie war allgegenwärtig. Ihre aktuelle Inkarnation

war ein Fest aus Liebe und Wohlstand, aus Freude und Sonnenschein und ich durfte verstehen, dass die Antwort auf ihre Frage in einer anderen Zeit wurzelte. Der Schauplatz des Readings änderte sich und ich hörte französische Musik. Der Raum um mich herum verwandelte sich in ein mondänes Wohnzimmer voller Stuck und extravaganter Möbelstücke. In einem sehr schönen barocken Sessel saß Janas frühere Inkarnation – eine korpulente französische Dame der mittleren Adelsschicht. Sie wirkte ein bisschen eitel, hatte aber eine sehr warme und freundliche Ausstrahlung. Ein schmuckvoll gekleidetes Tänzerpaar führte gerade etwas vor – wohl zugunsten der Dame des Hauses im Rahmen einer Soiree. Die Tänzer drehten sich geschickt umeinander und Janas Inkarnation beobachtete sie voller Interesse. Hellwissend nahm ich wahr, dass diese Adelige im Leben sehr reich beschenkt war. Sie speiste und trank reichlich und konnte sich Musikunterricht leisten. Ihr Körpergewicht war ein Prestigezeichen, das anderen signalisierte, wie gut sie es im Leben hatte. Ihre Seele schloss just in diesem Moment eine Verbindung zwischen ihrer materiellen Fülle und ihrer körperlichen Fülle. Sie kämpfte in dieser Inkarnation zwar mit körperlichen Problemen und starb jung. Ihre Seele erinnerte sich jedoch aufgrund der vielen Glücksgefühle an die Fülle und den Wohlstand und nahm diese Verbindung mit ins nächste Leben.
Janas aktuelles Leben war ebenso reich an Liebe und Glück. Ich spürte, wie ihre Seele dies wahrnahm und aufrechtzuerhalten versuchte, indem sie die körperliche Fülle förderte. Denn aus ihrer letzten Inkarnation leitete sie wie in einer mathematischen Formel den folgenden Grundsatz ab: Körperliche Fülle gleicht materieller Fülle. Je mehr Reichtum Jana in ihr Leben ließ, desto fülliger wurde auch ihr Körper. Je glücklicher sie war, desto mehr wehrte sich ihre Seele gegen das Abnehmen der körperlichen Fülle. Ich empfing für Jana die Botschaft, dass es Zeit war, diese Verbindung zu lösen. Sie lebte damals in einem Zeitalter, in

dem diese energetische Verbindung aufgrund der Hungersnöte Bestand hatte, doch in ihrer modernen Inkarnation diene sie ihr nicht mehr. Sie dürfe Erzengel Michael darum bitten, dass er mit seinem heiligen Schwert diese Verbindung liebevoll, aber ganzheitlich trenne. So würde sie es schaffen, die körperliche Fülle zu reduzieren, ohne gleichzeitig ihre materielle Fülle zu gefährden. Ich spürte zusätzlich noch, dass aufgrund dieser energetischen Verbindung, die Jana körperlich nicht mehr diente, ein Ungleichgewicht und eine gestörte Verteilung der Elemente im Körper entstanden war. Ich nahm in der Akasha Chronik wahr, dass sie sich mit der Fünf-Elemente-Ernährung aus der Traditionellen Chinesischen Medizin beschäftigen dürfe, um energetisch wieder ins Gleichgewicht zu finden. Als ich Jana vom Reading erzählte, musste sie lachen. Sie sagte mir, dass sie vor einigen Wochen unmittelbar nach einem Wochenendseminar zum Thema Geldfülle einige Kilo zugenommen hatte, und spürte die Resonanz der Botschaften tief in ihrer Seele. Janas Übergewicht war eindeutig mit ihrer materiellen Fülle verbunden.

Tamaras Seelenenergie

Tamara hatte ebenfalls Schwierigkeiten abzunehmen. Sie war ein sehr warmer Mensch – von allen geliebt und unglaublich barmherzig im Umgang mit Freunden und Fremden. Jeder Mensch – egal wie hellfühlig – spürte in ihrer Anwesenheit ihr Licht. Ich sah in der Akasha Chronik Tamaras Seele und sie leuchtete unglaublich hell. Ihr Seelenlicht war sehr groß, ein Licht wie das der Sonne, nur dass sich niemand verbrannte, der in ihre Nähe kam, ganz im Gegenteil. Ihr Licht strahlte auf ihre Umgebung aus und sie erhellte den Alltag vieler Seelen auf diesem Planeten. Mein Hellwissen verriet mir, dass Tamara eine Ursprungslichtarbeiterin war. Ursprungslichtarbeiter sind Lichtarbeiter, die bei

der Entstehung des Universums mitgeholfen haben. Es sind alte Seelen, die eine große Weisheit und eine ebenso große Güte besitzen und aufgrund ihrer starken und großen Lichtmasse in der Lage sind, gigantische Veränderungen zu bewirken.
Ein Engel zeigte sich mir und nahm mich an die Hand. Ich verstand seine wortlose Geste so, dass er mir diese Ursprungslichtarbeiter zeigen wollte. Noch bevor ich etwas erwidern konnte, war plötzlich alles um mich herum dunkel. Ich sah nur die endlose schwarze Masse des Nichts und sie fühlte sich weder gut noch schlecht an. Dann erschien eine Handvoll großer Lichtkugeln aus den verschiedenen Ecken dieser schwarzen Leinwand. Sie trafen sich in der Mitte, kamen in all ihrer glorreichen hochfrequenten Energie zusammen und prallten gegeneinander. Dies verursachte eine gigantische Lichtexplosion, die sich auf die gesamte schwarze Umgebung ausweitete, und plötzlich war alles einen Wimpernschlag lang hell. Ich fühlte mich, als würde ich schweben. Dann sah ich sie, die Galaxien und Sterne und bunten Nebel. Das Universum war geboren. Die Ursprungslichtarbeiter hatten den Urknall verursacht. Sie hatten Licht ins ewige Nichts gebracht.
Tamaras Seelenenergie zeigte sich mir ein weiteres Mal und ich spürte, wie schwer es ihr fiel, mit ihrer gesamten energetischen Größe in diesen kleinen, menschlichen Körper zu passen. Das grenzenlose Licht am Anfang des Universums versuchte sich in einem materiell begrenzten Körper zurechtzufinden. Tamaras Seele hatte lange überlegt, zu inkarnieren. Ursprungslichtarbeiter haben oft körperliche Probleme, weil der menschliche Körper diese Masse an Licht und Energie nur schwer tragen kann. Doch sie hatte sich aufgrund ihrer Liebe zur Menschheit dazu entschieden, in dieser wichtigen Zeit des Aufstiegs mitzuhelfen. Die Konsequenz war, dass sie seit ihrer Kindheit an starkem Übergewicht litt.
Ich bekam für sie die Botschaft, dass sie wohl aufgrund ihrer lichtvollen Seelenenergie nie ganz schlank werden würde, dass

es für sie aber möglich sei, sich körperlich wohlzufühlen und abzunehmen. Sie könne zwar nichts an ihrer Ursprungsmasse verändern, da ihr Seelenlicht wichtig für die Welt sei, aber sie dürfe an all dem zusätzlichen Ballast arbeiten, den sie trug und der ihr nicht diente. Derzeit sammle sie viele überschüssigen Energien im Körper, die zusätzlich zur Fülle beitrugen.

Unser Körper befindet sich in einem ständigen Austausch von Energie. Wir nehmen Energien auf und geben Energien ab. Ist dieser Kreislauf harmonisch und ausgeglichen, sind wir gesund. Gibt es Disbalancen zwischen der Aufnahme und Abgabe von Energie, entstehen Krankheiten oder energetische Staus. Wir empfangen Liebe (Aufnahme) und dürfen Liebe geben (Abgabe). Wir werden durch schöne Worte oder Klänge inspiriert (Aufnahme) und dürfen aus dieser Inspiration wieder etwas Neues erschaffen (Abgabe). In allen Lebensbereichen dürfen wir auf einen gesunden Ausgleich von Energien achten. Wenn wir uns ärgern und fremde Energien aufnehmen, dürfen wir diese durch das Verarbeiten unserer Wut wieder an die geistige Welt zur Reinigung im göttlichen Licht der Liebe abgeben. So fließt jede Einzelenergie wieder zur Gesamtenergie zurück und staut sich nicht in unserem Körper auf. Energie ist da, um sie zu verarbeiten.

Unser Körper kümmert sich nicht nur um die Aufnahme und Abgabe von Energie. Er ist ein gigantischer Transformationsprozessor, der unsere aufgenommenen Energien je nach Intention verändert. Werden wir durch gemeine Worte angegriffen und nehmen diese Energie in unser System auf, so können wir sie in Liebe transformieren und nach außen schicken, wenn wir stark genug sind. Manchmal passiert es uns aber, dass wir diese Energie entweder in uns aufstauen, was uns krank macht, oder mit einer noch viel wütenderen Energie wieder zurückschnellen lassen. So kommen energetisch Streitgespräche zustande. Es ist also immer wichtig, dass wir die Energien, die wir aufnehmen, auch transformiert wieder abgeben, um ein Ungleichgewicht zu vermeiden. Wenn wir zu viel Liebe nehmen und zu wenig geben, neigen wir zu Narzissmus. Geben wir zu viel Liebe und verlangen zu wenig, leiden unsere Selbstliebe und unser Selbstwert. Tamara staute aktuell zu viele Energien in ihrem Körper auf, da sie aufgrund ihrer sehr empathischen Art dazu neigte, viele fremde Energien aufzunehmen. Sie müsse ein Ventil finden, um diese Energien wieder in den Kreislauf zu bringen und loszulassen. Hierbei helfen Atemtechniken und Atemübungen, vor allem das Lernen des richtigen Atmens. Auch Tai-Chi eigne sich für Tamara wundervoll, um ihren Energiekreislauf wieder in den Fluss zu bringen. Zuletzt solle sie sich für einen Mannschaftssport oder einen Tanzkurs anmelden – dies stärke die innere Mitte und den Solarplexus, der nicht nur den Mittelpunkt ihres energetischen Kreislaufs darstelle, sondern auch die Transformationsfunktion der Energien übernehme. Stärke sie das Energiezentrum der Körpermitte, so stärke sie ebenfalls ihre Fähigkeit, aufgenommene Energie schnell zu verarbeiten und loszulassen. Tamara war dankbar für ihr Reading und viele Situationen in ihrem Leben ergaben endlich Sinn.

Klaudias Sorgen

Die Dritte im Bunde war Klaudia. Sie verspürte das große Bedürfnis, leichter zu werden. Ihr ganzes Leben lang hatte sie nie Leichtigkeit verspürt, weder im körperlichen Sinne noch im seelischen. Sie hatte sehr viele Ängste und machte sich ständig Sorgen: Sorgen um sich selbst, aber vor allem Sorgen um ihre Kinder und ihre Freunde. War jemand in der Familie krank, spürte sie die Symptome am eigenen Körper. Wurde ihre beste Freundin von Herzschmerz geplagt, hatte sie ebenfalls das Bedürfnis zu weinen. Stundenlang las sie negative Nachrichten im Internet und je größer ihre Sorgen wurden, desto mehr zeigte ihre Waage an. Dabei sehnte sie sich so nach dieser ominösen Leichtigkeit, die anderen so leichtfiel.

Die Antwort der Akasha Chronik war klar: Die Last ihrer Sorgen trug sie als Last ihres Körpers. Je mehr Sorgen sie sich machte, desto schwerer wurde sie, desto schwerer fiel es ihr abzunehmen. Ich sah, wie sie ihre Sorgen am ganzen Körper wie kleine Säckchen voll Sand durch ihren Alltag trug. Die Schwere dieser Sorgen hielt sie nicht nur davon ab, leichtfüßig durchs Leben zu schlendern, sondern verlangsamte sie auch stark. Beziehungen, die sie führte, brauchten ewig, um Nähe aufzubauen. Projekte, die sie startete, trugen erst nach vielen Monaten Früchte. Das Spannende an diesem Reading war, dass mir die Akasha Chronik keinen Grund für diese energetische Verbindung nannte. Keine frühere Inkarnation, die sie ausgelöst, keine Seelenheimat, die die genannte Verbindung gefordert hatte.

Der Grund war: Klaudia solle sich auf ihr Leben im Hier und Jetzt konzentrieren und den Status quo bearbeiten, ohne sich ablenken zu lassen. Die Lösung ihrer Probleme lag klar und sichtbar in ihr und sie war bereit, diese zu finden. Sie dürfe aus eigener Kraft die Fülle an Sorgen, die sie tagein, tagaus mit sich trug, bewusst ansehen und eine Sorge nach der anderen ablegen. Das würde Zeit in Anspruch nehmen, sei aber immens wichtig für sie und ihre weitere Seelenentwicklung. Sie solle sich bewusst fragen, welche Sorgen ihre eigenen seien und ob sie Berechtigung fänden oder nur durch soziale Medien oder toxische Freundschaften von ihr übernommen wurden.

Außerdem dürfe sie mehr Aktivitäten integrieren, die ihr wirklich Freude bereiten. Sie dürfe ihr Lachen wiederfinden und das Leben weniger ernst nehmen. Der Druck, alles perfekt und richtig machen zu müssen, hindere sie ebenfalls daran, in die Leichtigkeit zu finden. Nur wenn man dem Leben Raum für Wunder und Magie lässt, passieren sie auch.

Hinsichtlich ihres Übergewichts empfing ich hellwissend den folgenden Satz: Wenn der Kopf bereit ist, leichter zu werden, dann zieht der Körper mit. Klaudia dürfe ihre Sorgen bewusst ablegen und sich trauen, das Leben zu genießen. Dann würden ihr die Ernährungsumstellung und der regelmäßige Sport ebenfalls leichter fallen. Denn energetisch lege sie mit ihren Sorgen auch ihr unnötiges Gewicht ab. Sobald diese auf geistiger Ebene losgelassen wurden, würde in ihr die notwendige Motivation entstehen, ihre Sorgenfülle auch im Körper abzubauen. Ihr würde es dann nicht nur leichter fallen abzunehmen, sie würde aufgrund der weniger schweren Gedanken auch neue Talente in sich entdecken und Herzensmenschen anziehen. Die Schwere ihrer Existenz würde sich in Leichtigkeit wandeln und die Sorgenfülle, die verantwortlich für ihre körperliche Fülle war, schwinden.

Drei Frauen, drei Geschichten, eine Botschaft. Eine Fülle bedingt oftmals eine andere. Unsere Aufgabe ist es herauszufinden, wo unser Ungleichgewicht liegt und welche Verbindungen sich zeigen, um wieder in eine gesunde Balance zu finden.

Akasha Übung: Energiebalance durch Heilsteine

Ich arbeite sehr viel mit Heilsteinen. Sie sind kraftvolle und großartige Helfer bei der energetischen Arbeit. Eine besondere Übung wurde mir eines Morgens durch die Akasha Chronik übermittelt und mir Schritt für Schritt erklärt. Sie ist so einfach und so unglaublich wirkungsvoll, dass ich sie regelmäßig mit lieben Menschen teile – und so auch heute mit dir! Sie ist kinderleicht und sehr intuitiv. Wir nutzen diese Übung, um Energiestaus im Körper

zu lokalisieren und sie durch die Heilkraft der Steine mit Energie aufzuladen, damit sich das energetische Problem von selbst lösen kann.
Du brauchst hierfür fünf flache Heilsteine, sogenannte Seifensteine oder flache Handschmeichler. Diese findest du in jeder größeren Stadt in Edelsteinläden oder spirituellen Shops. Auch in größeren Buchhandlungen habe ich immer wieder in der Esoterikabteilung schöne Steinsortimente gesehen. Diese Steine sollten gut in deine Handfläche passen, also nicht zu groß oder zu klein sein.

Vorbereitung:

- Gehe in einen Edelsteinshop deines Vertrauens, in dem du eine größere Auswahl an Steinen hast.
- Atme tief durch die Nase ein und durch den Mund wieder aus. Komme zur Ruhe und spüre in dich hinein.
- Setze dir dann gedanklich die folgende Intention: »Ich finde jetzt fünf Steine, die ich gerade energetisch brauche.«
- Gehe dann achtsam durch den Laden und suche dir fünf Steine aus, die dich magisch anziehen. Entscheide intuitiv. Jede Seele hat ihr eigenes Energiefeld, jede Seele braucht unterschiedliche Heilenergien. Bezahle die Steine und nimm sie mit nach Hause.

Bevor du nun mit der Übung startest, reinige deine Steine, indem du sie unter fließendem kaltem Wasser abwäschst. Stelle dir währenddessen vor, wie alle fremden Energien die Steine verlassen und diese in ihrer natürlichen Heilkraft erstrahlen. Nun bist du bereit, die Übung zu starten.

So geht die Übung:

1. Suche dir eine bequeme Unterlage und lege dich flach auf deinen Rücken. Achte darauf, dass dein Untergrund nicht zu hart und nicht zu weich und deine Wirbelsäule gerade ist. So gewährleistest du den Energiefluss durch deinen Körper. Ich lege mich immer auf eine dünne Fleecedecke auf den Boden.
2. Erlaube dir, dich schwer in den Boden sinken zu lassen, und spüre einfach nur in deinen Körper hinein. Du darfst die Augen geöffnet lassen oder schließen, wähle intuitiv das, was sich gerade gut anfühlt. Atme einige Male tief durch die Nase ein und langsam durch den Mund wieder aus. Entspanne dich und komme zur Ruhe.
3. Nimm dann einen der fünf Steine in die Hand. Spüre in die Energie des Steins hinein und vergegenwärtige dir, wie er sich anfühlt. Jeder Stein hat eine andere Heilkraft. Wie fühlt sich die deines Steins an?
4. Spüre danach in deinen Körper. Welcher Körperteil, welcher Bereich deines Lebenstempels braucht gerade die Energie dieses konkreten Steins? Vielleicht ist es dein Kopf? Dein Herz? Dein Becken? Dein Mund? Dein Hals? Dein Zeigefinger? Lasse dir hierfür Zeit und spüre intuitiv hinein. Lege dann den Stein auf genau die Stelle, die sich richtig anfühlt.
5. Wiederhole diesen Schritt dann mit den vier weiteren Heilsteinen, bis alle fünf Steine auf dir liegen. Verweile in dieser Position für mindestens zehn Minuten, gerne auch länger, und spüre die Energie und Wirkung der Steine.
6. Bedanke dich anschließend liebevoll bei den Steinen und lege sie danach sanft ab. Atme einige Male tief

durch. Stehe dann langsam auf und bewege dich intuitiv. Diese Bewegung ist wichtig, damit sich die Energien richtig im Körper verteilen.

7. Reinige deine Steine im Anschluss. Sie haben wundervolle Heilarbeit geleistet.

Einige Hinweise zur Pflege von Heilsteinen

Achte darauf, deine Steine regelmäßig zu reinigen und wieder aufzuladen. Steine sind lebendige Organismen und Informationsträger. Sie geben ihre Heilenergien an unseren Körper und Geist ab, nehmen aber auch fremde Energien auf – vor allem unsere eigenen Gedanken und Gefühle. Deshalb ist es so wichtig, deine Helfer regelmäßig zu reinigen und sie wieder aufzuladen.

1. Reinige deine Steine daher zunächst grobstofflich unter fließendem Wasser.
2. Lege sie danach dann über Nacht entweder in eine Amethystdruse oder in eine Schale mit kleinen Hämatiten. Dadurch werden die Steine von allen Fremdenergien gereinigt und ihre Energie wieder neutralisiert.
3. Anschließend kannst du deine Steine mit Energie aufladen. Hier gibt es unglaublich viele Wege: Du kannst sie mit Affirmationen besprechen, indem du zum Beispiel einen Rosenquarz mit den Intentionen »Liebe« und »Harmonie« besprichst. Du kannst sie aber auch in einer Schale mit kleinen Bergkristallen platzieren oder bei Vollmond oder Neumond rauslegen. Du kannst sie auch besingen oder betanzen, mit deinen Händen energetisieren oder auf ein energetisches Symbol legen. Ich habe zwei kleine Kinder, deshalb nutze ich oft die zeit-

sparende Variante und lege meine Steine von der einen Schale mit den Hämatiten einfach in die andere Schale mit den Bergkristallen.

Wenn es dir schwerfällt, die richtigen Steine für diese Übung auszusuchen, kannst du diese Übung auch als Chakrengrundreinigung nutzen. Wähle dafür die folgenden sieben Steine aus und lege sie in der Übung auf deine Chakren.

Stein	Chakra
Granat	Wurzelchakra
Karneol	Sakralchakra
Citrin	Solarplexuschakra
Rosenquarz	Herzchakra
Amazonit	Halschakra
Lapislazuli	Stirnchakra (Drittes Auge)
Amethyst	Kronenchakra

Die versteckte Seele

Unsere Seele spricht täglich mit uns: mal leiser und mal lauter. In einem Moment spüren wir in uns den Hauch einer Ahnung, welchen Weg unsere Seele einschlagen möchte, in einem anderen Moment springt uns die Antwort unserer Seele förmlich ins Gesicht. Aber nicht alle Menschen verstehen ihre Botschaften. Deshalb muss sich unsere Seele selbst helfen und je seltener wir sie hören, desto lauter wird sie. Ihre Schreie äußern sich dann oft in Form von Schmerzen oder Krankheiten, denn die materielle Verbindung zwischen unserer Seele und dieser Welt ist unser Körper – und den Körper können wir nur schlecht ignorieren. Eine Seele, die von ihrem Besitzer im Verborgenen gehalten wird – wenn auch nur unterbewusst –, versucht umso deutlicher auszubrechen, und das geschieht oftmals durch Reaktionen unseres größten Organs: unserer Haut.

Egal ob Akne, Neurodermitis oder Nesselsucht: Hautprobleme begegnen mir in meinen Akasha Chronik Readings regelmäßig. Sie sind ein großes gesundheitliches Problem der modernen Lebensart. Das Wundervolle ist aber, dass in den letzten Jahren immer mehr ganzheitliche Heilmethoden getestet wurden, um im wahrsten Sinne des Wortes »hinter die Fassade« dieser Krankheiten blicken zu können. In dieser Akasha Story möchte ich ebenfalls meinen Beitrag zum spirituellen Verständnis der Hautprobleme leisten. Ich beschreibe im Folgenden drei Krankheitsbilder, durch die sich der gleiche energetische Faden zieht. Denn egal, ob wir von Hautproblemen betroffen sind oder nicht: Wir dürfen aus diesen Geschichten unglaublich viel lernen.

Romys Fassade

Romy war Schmerzpatientin und kam zu mir, um herauszufinden, warum diese Schmerzen sie ihr Leben lang begleiteten. Sie litt unter einer Trigeminusneuralgie – einer chronischen Schmerzerkrankung, die sich durch starke, blitzartig Schmerzen im Gesicht äußert. Sie war eine sehr spirituelle, starke Frau und lebte damals noch in einem Beruf und einer Ehe, die sie unglücklich machten. Sie wünschte sich Antworten und ich fragte in der Akasha Chronik nach. Augenblicklich wurde ich in eine frühere Inkarnation gezogen – ich spürte einen Sog durch ein energetisches Portal und landete Mitte des 20. Jahrhunderts im bunten Las Vegas. Alles glitzerte, alles schimmerte. Jazzmusik lag wie ein Soundtrack dieser Zeit in der Luft und die bunten Leuchtreklamen erhellten die Nacht. Obwohl zahlreiche Glücksgefühle in mir aufstiegen, fühlten sich diese nicht authentisch an. Es lag eine Schwere in der Luft, denn es war die Zeit der amerikanischen Mafiaclans. Ich hatte das Gefühl, als Außenstehender eine hedonistische Fassade anzuschauen, während sich im Hintergrund das wahre grausige Geschehen dieser Stadt abspielte. Ich betrat ein Theater und sah der Vorstellung zu, die dort gerade lief. Mein Blick fiel auf eine bildhübsche Frau mit einem perfekten Lächeln und langen Wimpern. Sie stand in einem Meer von leicht bekleideten Damen mit falschen Perlenketten und bunten Pailletten. Sie strahlte Sex-Appeal und Sinnlichkeit aus und verdrehte jedem Mann im Saal mit ihrer schwarzen Federboa den Kopf. Dies war eindeutig Romys frühere Inkarnation. Sie war Tänzerin und stand jeden Abend freudestrahlend auf der Bühne. Sie lächelte, um andere davon zu überzeugen, dass sie glücklich war. Vielleicht auch sich selbst. Denn ihr Gesicht war verkrampft und ihr Blick wirkte leer, je länger ich ihrem Schauspiel beiwohnte. Eine tiefe Traurigkeit umgab sie, die sich mit bitterer Einsamkeit mischte. Sie zeigte anderen Menschen nie ihr wahres Ich, alles war Fassade. Sie trug ihrem Publikum zuliebe eine Maske, um ihre wahren Gefühle und ihren Schmerz zu verstecken, und wurde dafür bezahlt, lediglich eine Rolle zu spielen. Ich sah zuletzt, wie sie alkoholisiert vom Dach des Theaters fiel.

Ich spürte hellfühlig, dass Romys Gesichtsschmerzen mit der aufgesetzten, verkrampften Maske der Bühnentänzerin zu tun hatten. Sie hatte damals ihre Emotionen verborgen und im Privatleben tiefe seelische Schmerzen verspürt, die sich durch ihre lächelnde Fassade nur verstärkten. Für ihre aktuelle Inkarnation hatte dies folgende Auswirkung: Ihre Trigeminusneuralgie wurde intensiver, je mehr sie ihre wahren Gefühle vor anderen versteckte. Die Botschaft dieser Krankheit war, dass sie sich daran erinnern durfte, authentisch und immer sie selbst zu sein und niemals

anderen zuliebe eine Fassade aufzusetzen. Sie dürfe aus tiefstem Herzen ihr inneres Licht scheinen lassen. Dies sei vor allem deshalb wichtig, weil sich ihre Seele für diese Inkarnation ausgesucht hatte, als Lichtarbeiterin zu inkarnieren und anderen ein Vorbild zu sein. Sie dürfe sich nach außen so zeigen, wie sie wirklich war: in ihrer Verletzlichkeit und Stärke, mit ihren schönen und weniger schönen Seiten, ohne Angst vor Verurteilung. Romy vertraute mir nach dem Reading an, dass sich ihre Schmerzen in den letzten Jahren verbessert hatten, seitdem sie in schwierigen Situationen den Mut gefasst hatte, ihre Meinung auszusprechen. Sie stand immer mehr zu ihren Bedürfnissen und Gefühlen und versteckte sich nicht mehr hinter ihnen.
Eine Trigeminusneuralgie ist zwar sehr selten, doch ist die Botschaft dieses Readings für jeden Menschen wichtig: Sei authentisch. Wir dürfen in den kommenden Jahren intensiv daran arbeiten, in unsere Seelenauthentizität zu finden und uns das Leben zu erschaffen, das mit unserer Seele resoniert. Lange Zeit haben wir in fremden Strukturen und alten Systemen gelebt, aus denen wir nun liebevoll ausbrechen dürfen, um unseren eigenen Weg zu gehen. Unsere Seele darf sich zeigen – in ihrer Pracht und ihrer Schönheit.

Klaras Unklarheit

Eine unreine Haut möchte energetisch ebenfalls eine Botschaft übermitteln. Klara war eine liebe Seele, die mich um ein Reading bat, um die Antwort auf ihre Hautunreinheiten zu finden. Ihr Gesicht war regelmäßig von Pickeln und Pusteln übersät, vor allem in Lebensphasen, in denen sie sich unsicher fühlte. Ich spürte in der Akasha Chronik in ihre Energie hinein und empfing eine wichtige universelle Weisheit: Eine klare Haut symbolisiert einen klaren Geist.

Wichtig ist, dass es hierbei nicht um die Klarheit unseres Weges geht. Natürlich ist es vorteilhaft, wenn wir ein Ziel oder eine Vision für unsere Zukunft haben, weil wir dann auf sie hinwirken können. Ein klarer Geist bedeutet vielmehr, dass wir über unsere eigene Seele im Klaren sein dürfen. Es besteht aktuell ein Trend für Visionsboards – dies ist eine Collage aus Bildern und Texten, welche die eigenen Wünsche und Manifestationen darstellen. Für Klara erhielt ich die Anweisung, sich ein Visionboard ihrer Seele zu erstellen, um sich selbst, ihre Bedürfnisse und Werte besser kennenzulernen. Sie dürfe sich die folgenden Fragen stellen:

- *Was zeichnet mich aus?*
- *Wie fühlt sich meine Seele an?*
- *Welche Werte sind mir im Leben wichtig?*
- *Was liebe ich?*

Klaras Haut wurde gereizter, je mehr Unsicherheit sie im Leben verspürte. Ihre Haut reagierte auf das Fehlen innerer Klarheit mit äußerer Unklarheit, um ihr zu symbolisieren, wohin ihre Aufmerksamkeit fließen dürfe. Ihr Lebensweg sei aktuell sehr sperrig und steinig, weil dort viele Beziehungen und Situationen lägen, die nicht mit ihrer Seele resonierten, was ebenfalls zu ihrer »sperrigen und steinigen« Haut führe. Klarheit im Innen erschaffe Klarheit im Außen. Je klarer wir über unsere eigene Seele sind und uns bewusst sind, welche Werte wir verfolgen, umso klarer wird uns unser Weg. Wir erschaffen durch die Klarheit über unsere Seele somit ebenfalls Klarheit über unser weiteres Leben.

Dieses Reading erinnerte mich stark an das Erwachen meiner eigenen Authentizität. Mit 18 Jahren hatte ich oft den Weg eingeschlagen, den andere für mich festgelegt hatten. Ich studierte Rechtswissenschaften und es machte mir durchaus Spaß, auch wenn es mich nicht erfüllte. Ich versuchte mich in Beziehungen immer der Vision anzupassen, die mein Gegenüber auf mich projizierte. Mit Anfang 20 befasste ich mich intensiver mit meiner Verbindung zur geistigen Welt und lernte in dieser Zeit auch eine meiner engsten Freundinnen kennen, die mich dazu ermutigte, mich in einer ruhigen Minute hinzusetzen und darüber klar, zu werden, wer ich eigentlich bin. Erst dann könne ich die Beziehungen führen, die auch wirklich mit meinem Kern resonierten. Also setzte ich mich auf den Boden meiner kleinen Einzimmerwohnung, zündete eine Kerze an und wartete. Mein Blick fiel auf eine kleine bunte Schachtel, in der all meine leeren Postkartenschätze lagen. Ich sammelte damals leidenschaftlich gerne Postkarten – mit lustigen Motiven, schönen floralen Bildern und goldenen Sprüchen. Meine Hand griff nach der Schachtel und ich nahm jede Postkarte, Karte für Karte heraus und spürte hinein. Dann wählte ich fünf Postkarten aus, die am deutlichsten zu meiner Energie passten, und klebte sie an die Seitenwand meines Schranks. Ich erstellte aus diesen Postkarten das für mich perfekte Visionboard meiner Seele und ich erinnere mich noch genau an eine besondere Karte. Sie war weiß und nur ein Spruch war in bunten Buchstaben darauf gedruckt worden:

Sei frech und wild und wunderbar.

Ich war in meinem Leben weder wirklich frech noch wirklich wild, doch diese Karte symbolisierte für mich den Inbegriff der Authentizität. So sein zu dürfen, wie man wirklich war. Ganz ohne Beschränkungen oder Außeneinflüsse.
Ich ließ alle anderen Energien frei und fühlte zum ersten Mal intensiv in meine Seele hinein. Das wirkte sich energetisch schnell aus: Ich wurde in meinem Leben vor viele wundervoll mutige Entscheidungen gestellt, die nun die Basis meines Lebensglücks darstellen, und ich wäre ohne diese fünf Postkarten nicht da, wo ich jetzt bin.

Zu unserer Seelenauthentizität gehören ebenfalls unsere Gefühle. Unterdrücken wir diese, stauen sie sich auf und versuchen ein Ventil zu finden. Die Gefühle entweichen und unser Körper reagiert dann mit unreiner Haut, vor der wir uns schämen, weil wir negative Gefühle zurückhalten, die uns wiederum peinlich sind. Du siehst – alles hängt energetisch zusammen. Möchtest du deine Gefühle nicht zeigen, aus Angst, dass sie dich hässlich wirken lassen, spiegelt dein Körper diese Reaktion auf deiner Haut. Alle deine Gefühle haben ihre Daseinsberechtigung und dürfen angesehen werden. Diese Gefühle, die in Form von Pickeln auf der Haut entstehen, dürfen dann aber auf die richtige Art und Weise »ausgedrückt« werden. Manche Menschen verspüren einen starken, fast krankhaften Zwang, ihre Pickel auszudrücken. Dies kommt oftmals genau daher: weil die Seele sich danach sehnt, die Gefühle – die energetisch hinter den Unreinheiten stehen – richtig ausdrücken zu können.

Katrins Schutzschicht

Auch der Ort einer Hautunreinheit verrät dir etwas über ihren Ursprung: In einem Reading für meine liebe Freundin Katrin durfte ich erfragen, was es mit ihrer Neurodermitis auf sich hatte. Diese bedeckte ausschließlich ihre Hände und machte ihr im Alltag viele Probleme. Die Antwort der Akasha Chronik war erstaunlich. Unsere Hände stellen eine direkte Verbindung zu unserem Herzen dar. Deshalb fühlt es sich so wundervoll an, liebe Menschen an die Hand zu nehmen, da wir in diesem Moment unsere beiden Herzenergien verbinden.

Katrin hatte viel Angst davor, die eigene Herzenergie zu verlieren. Sie hatte in den vergangenen Jahren stark in ihren Beziehungen gelitten: gebrochene Herzen und viele vergossene Tränen stärkten die Angst in ihr, Nähe zuzulassen. Ihr Körper erschuf daher eine Schutzschicht, um sich energetisch vor einem weiteren Verlust der Herzenergie zu schützen. Diese Schutzschicht zeigte sich durch ihre Neurodermitis an der Stelle, an der sie am meisten Herzenergie verloren hatte – an ihren Händen. Und es wirkte: Sie traute sich noch weniger, anderen Menschen die Hand zu geben, aus Angst vor Ablehnung. Der Effekt dieses Schutzes ging also nach hinten los. Ich empfing die Botschaft, sie dürfe an ihrem Urvertrauen arbeiten, um die Schutzenergie der Neurodermitis zu transformieren. Fühle sie sich im Leben und in ihrer Energie sicher, so bräuchte sie den zusätzlichen Herzschutz ihrer Krankheit nicht. Durch das starke Urvertrauen fiele es ihr auch leichter, authentisch durch das Leben zu gehen und sich so ein liebevolles Umfeld zu erschaffen, das zu ihrer Seele passte.

Was dürfen wir aus diesen Geschichten lernen? Unsere Haut spiegelt den Zustand unserer Seele wider. Leben wir authentisch und erfahren eine innere Klarheit, wie unsere Seele zusammengesetzt ist, sind unsere Energien in Balance. Dann braucht unser Körper uns nicht auf fehlende Klarheit hinzuweisen. Kämpfen wir aber mit unklaren Hautstellen, so dürfen wir uns fragen, welche Lebensbereiche uns unklar sind und wie authentisch wir durch unser Leben gehen. Vergiss daher bitte nie: Deine Seele spricht durch deinen Körper mit dir.

Es ist immer wieder spannend, wie mir meine Kunden nach einem Reading erzählen, dass sie einen Großteil der Informationen eigentlich schon vorher gespürt hatten und unterbewusst bereits wussten. Wir dürfen lernen, mehr ins Gefühl zu gehen und unserer Intuition zu vertrauen, anstatt sie als Hirngespinste oder Fantasien abzuwerten. Vor allem dürfen wir uns diese Tatsache immer wieder ins Gedächtnis rufen und Gedanken des Vertrauens regelmäßig mit Liebe auffrischen. Das realisierte ich letztens erst wieder aufgrund des wunderschönen Readings einer Freundin. Sie bat mich, nach Linderung für ihre Schilddrüsenerkrankung zu fragen, die sie seit der Kindheit begleitete. Ich empfing direkt, sie solle mit Löwenzahn arbeiten. Daraufhin brach sie in schallendes Gelächter aus und erzählte mir, dass in ihrem Heimatdorf in Rumänien direkt neben ihrem Elternhaus eine große Wiese voller Löwenzahn lag und sie als Kind immer das magische Bedürfnis hatte, stundenlang in dieser Wiese zu liegen. Sie wusste bereits damals unterbewusst, was ihr Körper und ihre Seele zum Heilen brauchten.

Akasha Übung: SOS-Journaling

Es gibt viele Wege, Klarheit zu gewinnen. Für mich ist das Journaling – also das Aufschreiben von Gedanken und Gefühlen entweder frei oder als Antwort auf bestimmte Fragen – ein Wundermittel hierfür. Das ist wahre Magie. Ich setze mich mit Stift und Papier für einige ruhige Minuten hin und schaffe es so, dieses ganze unstrukturierte Chaos in Kopf und Körper nicht nur zu ordnen, sondern Wahrheiten zu erkennen, die vorher verborgen waren.
Jeder kann journalen – man braucht hierfür kein besonderes Talent oder besondere Schreibkünste. Journaling hilft dir, ein Ventil für deine Gefühle zu erschaffen. Es ist unglaublich intuitiv und du kannst nichts falsch machen. Ich schreibe mir meistens immer erst alle Gefühle »aus dem Kopf«, um sie dann im Tageslicht und mit mehr Distanz noch einmal richtig reflektieren zu können.
Denn unsere Gefühle sind die perfekten Indikatoren für alles: Krankheiten, Glaubenssätze, energetische Staus. Ist etwas energetisch nicht in Ordnung, macht sich das zuerst durch ein Gefühl bemerkbar. Ein Gefühl, das du vielleicht im ersten Moment nicht richtig einschätzen kannst.

Deshalb habe ich eine wundervoll einfache Journaling-Übung für dich. Diese Übung ist vor allem in SOS-Situationen hilfreich. Das können Momente der Panik sein, ein intensives Gefühlschaos oder wenn du einfach Klarheit auf eine Frage brauchst. Du benötigst hierfür nur ein Notizbuch oder Blatt Papier, einen Stift, etwas Zeit und Ruhe.

So geht die Übung:

1. Suche dir einen ruhigen Platz zum Schreiben. Stelle ein Glas klares Wasser in deine Nähe. Atme dann dreimal tief durch die Nase ein und durch den Mund wieder aus. Komme bei dir an und komme zur Ruhe.
2. Beantworte dann die folgenden Fragen schriftlich und ausführlich für dich:

   Wie fühle ich mich gerade?
   Wo in meinem Körper liegt dieses Gefühl?
   Warum fühle ich mich so?
   Was tut mir jetzt gut?

3. Wenn du das Gefühl hast, fertig zu sein, spüre in dich hinein. Wie fühlst du dich? Konntest du Klarheit gewinnen? Deine Gefühle objektiv ordnen, vielleicht sogar verstehen? Lasse dir so viel Zeit, wie du brauchst, um deine aufkommenden Gefühle und Gedanken anzunehmen.
4. Du kannst zusätzlich noch ein heilendes weißes Licht in das Gefühl oder den Gedanken schicken, der nach der Übung immer noch mehr Klarheit braucht.

Sei ehrlich mit dir. Unterdrücke nichts. Diese Übung funktioniert dann am besten, wenn du dich traust, alles aus dir herauszuschreiben. Vielleicht schämst du dich vor diesen Gefühlen oder Gedanken, doch wisse: Jedes deiner Gefühle ist wichtig. Nur wenn du Licht auf sie wirfst, wirst du erkennen können, was sie dir mitteilen möchten. Für alle, die diese Übung wirklich intensiv gestalten wollen, um sämtliche Gedanken zu finden, kommt hier ein zusätzlicher Tipp:

Stelle dir einen Handytimer auf eine Stunde und höre erst mit dem Schreiben auf, wenn dein Handy klingelt.

Manchmal beantworten wir eine Frage in zwei Minuten und haben dann das Gefühl, bereits alles aufgeschrieben zu haben. Doch erst mit dem Vergehen weiterer Minuten in Stille kommen zusätzliche Gedanken hoch, die es sich lohnt, ebenfalls anzuschauen. Traue dich daher, länger in Stille in dieser Übung zu verweilen, und lasse dich davon überraschen, was an die Oberfläche schwimmt und sich zeigen möchte.

Akasha Stories zu Authentizität und Selbstvertrauen

Ich bin ich und du bist du.

Vielleicht kennst du diesen Kinderreim noch aus jüngeren Zeiten und damals erschien diese Aussage glasklar. Wer sollte ich auch anderes sein als ich selbst? Eine Kinderseele hinterfragt selten, wer sie ist. Sie *ist*. Doch je älter wir werden, je weiter unsere Inkarnation fortschreitet, desto mehr fremde Energien, fremde Weltbilder und fremde Erwartungen nehmen wir in uns auf. Viele Menschen verlieren sich dadurch selbst – einige nur kurzfristig, andere für viele, viele Jahre.

Es fühlt sich nicht schön an, sich selbst fremd zu sein. Als stecke man in einem viel zu engen Anzug fest, in einer Farbe, die einem eigentlich gar nicht gefällt. Man erkennt sich im Spiegel nicht wieder, vielleicht mag man sich selbst auch weniger, weil man sich nicht kennt. Man lebt im Automatismus der Erwartungen, obwohl sich alles in uns danach sehnt, endlich authentisch und frei leben zu dürfen.

Aus energetischer Sicht ist der Prozess der Selbstfindung vielmehr ein Prozess der Selbstwiederfindung. Denn alles, was wir brauchen, was uns ausmacht, ist bereits in uns. Wir dürfen nur noch lernen, unsere Seelenenergie klar von den Energien zu trennen, die uns fremd sind oder uns nicht mehr dienen.

Die geistige Welt hilft uns hierbei. Die Kollektivenergien in der aktuellen neuen Zeit verdichten sich immer mehr in Richtung Authentizität und Wahrheit. Engel und Geistführer senden uns liebevolle energetische Stupser, die uns manchmal aufgrund unserer Glaubenssätze an die Grenze unserer Komfortzone bringen. Das ist aber sehr wichtig und unbedingt notwendig! Denn oft haben wir unsere Komfortzone genau aus genannten fremden Energien und Erwartungen gebaut. Um diese loszulassen, dürfen wir sie verlassen – um in die Zone des Wachstums und der Authentizität zu gelangen. Wie auch der Urknall kann dieser Zonenwechsel laut und heftig sein. Aber denke daran: Das kleine Samenkorn durchbricht die gesamte Erdkruste, um endlich aus der Dunkelheit ins Licht zu finden und zu einem Früchte tragenden, starken Baum zu werden.

Unser geistiges Team – also die wundervollen Wesen und Meister, die uns den Rücken stärken, wie unser Schutzengel und unser Geistführer – sendet uns in der aktuellen Zeit viele Situationen und Botschaften, die es uns erleichtern zu wachsen. Und dafür dürfen wir sehr dankbar sein. Warst du schon einmal an der Nordsee? Wenn du gegen den Wind läufst, kommst du sehr mühsam voran, weil die starke Windkraft gegen dich arbeitet. Läufst du allerdings mit dem Wind, so schwebst du schon fast. Alles erscheint leichter und schneller, manchmal vielleicht sogar zu schnell. So darfst du dir die aktuellen Energien unserer Welt und die Unterstützung deines geistigen Teams vorstellen. Wie ein starker, wundervoller Rückenwind, der dich im richtigen Tempo zu deiner Seelenauthentizität führt.

Je authentischer wir sind, desto leichter fällt es uns auch, über die Dinge zu sprechen, die uns wichtig sind. Wir werden selbstsicherer, weil wir vollkommen hinter unseren Worten stehen und sie nicht mehr hinterfragen müssen. Ich sehe dies in meinen Akasha Chronik Readings hellsichtig sehr klar: Eine Person, die sich aufgrund vieler Ängste und Unsicherheiten, vor allem aber aufgrund fehlender Klarheit im Leben nicht traut, sich selbst richtig kennenzulernen, leuchtet auf Sparflamme. Die Farben ihrer Aura sind dadurch weniger gesättigt und haben viel weniger Strahlkraft. Sie kann sich in Diskussionen schlechter durchsetzen als andere Menschen und wird oft übersehen. Im Gegensatz dazu strahlt eine Person, die authentisch lebt, sehr hell. Ihre Farben leuchten wie ein Feuerwerk in der Nacht, wie eine bunte Blumenwiese, die direkt von der ersten Sommersonne angelacht wird. Dieser Zustand darf in den nächsten Jahrzehnten zum Grundzustand vieler Seelen dieser Erde werden.

Ich brauche sicher nicht zu erklären, wie sich Authentizität und Selbstvertrauen auf das irdische Leben auswirken: Wir sind glücklicher, weil wir genau die Menschen, Jobs und Situationen anziehen, die zu unserem Seelenlicht passen. Wir trauen uns, unsere Meinung zu äußern, und werden hierfür geschätzt und geliebt. Wir fühlen uns echt und im Einklang mit allem, das ebenfalls echt ist – der Natur, den Tieren, den für uns richtigen Menschen.

Ein kleines Selbstexperiment

Lass uns gemeinsam in deine Seele hineinfühlen.

1. Nimm hierfür einen tiefen Atemzug durch die Nase und atme laut durch den Mund wieder aus.
2. Lege dann eine Hand auf dein Herz und spüre in dich hinein.

   Wie fühlt sich deine eigene Energie an?
   Wie fühlt sich deine eigene Seele an?

3. Nimm dir gerne einige Minuten Zeit. Versuche dabei nicht, mit Druck eine Antwort herbeizubeschwören, sondern nutze diese kurze Übung, um eine Momentaufnahme zu tätigen.

Wo stehe ich?
Wie stark und eindeutig fühle ich meine Seelenenergie?
Weiß ich eigentlich, wer ich bin?
Welche Teile meines Lebens sind mir klar, welche nicht?

Die folgenden Akasha Stories sind Geschichten über Menschen, die ihre Seelenenergie näher kennenlernen durften, um dadurch die Probleme ihres Lebens bearbeiten zu können. Wenn wir wissen, welche Energie unsere Seele hat, wo unsere Seele herkommt und welchen Weg sie auf dieser Erde bereits gegangen ist, können wir viel leichter entscheiden, welche Energien zu uns passen und welcher Weg der richtige für uns ist. Es lohnt sich daher, die eigene Seelenenergie und ihre bunten, glitzernden Facetten intensiv zu erkunden.

Ein Engel auf Erden

Ich bin ein inkarnierter Engel. Meine Seelenessenz ist die eines Engels – das bedeutet nicht, dass ich besonders himmlisch bin, und erklärt auch nicht meine blonden Haare. Dass ich ein Engel bin, hilft mir allerdings enorm, meinen Charakter und meine Mission auf dieser Welt zu verstehen.
Das Universum ist voller Engel. Große Engel, kleine Engel, in allen Farben und Formen und mit unterschiedlichen Aufgaben und Fähigkeiten. Ich möchte an dieser Stelle nicht allzu tief in die Hierarchie der Engel einsteigen, doch es ist wichtig zu wissen, dass die Erde von unzähligen wundervollen Engeln beschützt und gestärkt wird. Die Erde steigt energetisch auf und wir mit ihr. Deshalb haben sich viele Engel dazu entschieden, in dieser spannenden Zeit als Menschen zu inkarnieren und vor Ort mit ihrer Liebe diesen Prozess zu unterstützen. Deshalb befinden

sich aktuell viele Erdenengel unter uns. Sie arbeiten in allen Bereichen als Lichtarbeiter, manche noch unentdeckt, unbewusst und im Verborgenen, andere gehen mit ihren Gaben und ihrer Empathie bereits nach außen und lassen ihr Licht hell strahlen. Doch allen Engeln ist immanent, dass sie ein großes Bedürfnis verspüren, anderen zu helfen. Sie helfen unglaublich gerne, ob Freunden oder Fremden, weil sie das gut können.

Wer bin ich und was soll ich auf dieser Welt?

Tobias kam mit der Grundsatzfrage schlechthin zu mir ins Akasha Reading:

Wer bin ich und was soll ich auf dieser Welt?

Er war eine sehr liebe, sehr sanfte Seele. Seine Kindheit war schwierig und durch Mobbing und familiäre Probleme geprägt. Er kämpfte in seiner Jugend bis ins junge Erwachsenenalter mit Drogen, da ihm diese halfen, für einen kurzen Moment betäubt, aber glücklich zu sein. Er verriet mir, dass er sich damals oft sehr einsam gefühlt hatte und eine Leere in ihm sichtbar wurde. Diese Leere füllte sich mit einem Mal schlagartig: Er wurde Vater. Seitdem versuchte er immer mehr zu verstehen, warum er hier ist und womit er die Welt bereichern könnte. Doch das fiel ihm nicht leicht, da er sich selbst immer noch zu wenig kannte. Aus diesem Grund bat er mich, in der Akasha Chronik nach seiner Seelenenergie zu fragen und ihm einige Anhaltspunkte zu geben. Nachdem ich mich verbunden hatte, erblickte ich sofort die Essenz seiner Seele. Er stand in einem weißen Raum und ihm wuchsen prächtige Flügel, weich und riesengroß. Sie füllten den gesamten Raum aus und leuchteten hell. Es war magisch und himmlisch. Ich empfing die Botschaft, dass er ein Engel der Hoffnung sei. Er war bereits viele Male auf der Erde gewesen, allerdings nur in seiner Engelsgestalt, die viele Formen angenommen hatte: Er kam als Licht zu den Menschen in schweren Kriegszeiten und barbarischen Menschheitsepochen, als Hoffnungsgefühl in der Brust, als Sonnenstrahl oder Regenbogen nach einem schweren Unwetter. Er kannte die Erde gut und ihre Energien waren ihm vertraut. Inkarnierte Engel fühlen sich auf der Erde grundsätzlich sehr wohl. Im Vergleich zu den Starseeds, deren Seelenheimat in weiter Ferne liegt, haben sie viel seltener Heimweh, da sie die Erde und ihre Schönheit sehr schätzen und hier bereits oft gewirkt und geholfen haben.

Die Engel in der Akasha Chronik erklärten mir dann anhand Tobias' Geschichte die verschiedenen inneren Kämpfe inkarnierter Engel. Ich lernte, dass dies Tobias' erste Inkarnation als Mensch war. Die erste Inkarnation auf der Erde ist oft wie der erste Pfannkuchen – schwierig und nicht ganz so, wie man es erwartet hat. Das liegt daran, dass Engel eine große Liebesenergie besitzen und es vielen Engeln deshalb schwerfällt, diese Liebesenergie in einen kleinen menschlichen Körper zu packen, der auch noch von einer Achterbahn an irdischen Frequenzen durch Raum und Zeit gewirbelt wird.

Wenn ein Engel in der geistigen Welt seiner Tätigkeit nachgeht, gibt er sehr viel Liebe und bekommt gleichzeitig genau so viel Liebe zurück, da die geistige Welt eine Fülle an Liebe und Hochfrequenzen ist. Es besteht also ein Gleichgewicht im Input und Output an Liebe und kein Engel muss sich im Universum je Gedanken darüber machen, ob er sich im Gleichgewicht dieser Liebe befindet. Inkarniert ein Engel zum ersten Mal als Mensch, gibt er automatisch mehr Liebe, als er empfängt. Die Seele eines Engels sehnt sich danach, viel Liebe zu geben und anderen Wesen zu helfen – viele Erdenengel nennen dies schmunzelnd auch das spirituelle »Mutter-Teresa-Syndrom«. Allerdings ist unsere Welt leider nicht nur aus Liebe gewebt. Die Erde ist deshalb energetisch so spannend, weil sie eine Vielzahl an Emotionen und Frequenzen bereithält; eine energetische Bandbreite, die schnelles und starkes Wachstum ermöglicht. Ein Erdenengel schenkt also (zu) viel Liebe und erhält vergleichsweise zu wenig zurück. Erdenengel leiden daher stärker als andere Seelenessenzen unter einem Liebesdefizit, sobald sie inkarnieren. Um energetisch zu überleben, müssen Erdenengel dieses Defizit mit eigener Liebe ausgleichen und sich in den Energien dieser Welt zunächst wiederfinden. Eine große Lebensaufgabe der Erdenengel ist daher die Stärkung der Selbstliebe.

Viele Engel suchen sich daher im Vorfeld Familien oder Lebenssituationen aus, die ihnen absichtlich Liebe entziehen, damit sie lernen, diese ehemals permanente göttliche Liebe als Selbstliebe zu kreieren und dann im richtigen menschlichen Maße anzuziehen. So finden sie ins Gleichgewicht und können ihren Engelsaufgaben auf dieser Welt besser nachkommen. In meiner ersten Inkarnation als Mensch war ich die Ehefrau eines Cholerikers, der mich und unsere Kinder regelmäßig schlug. Ich durfte damit starten, für mich selbst und meine Liebsten einzustehen, was ich allerdings erst zwei Inkarnationen später lernte und so dieses Defizit ausgleichen konnte.

Doch Selbstliebe ist ein Prozess, der nicht immer einfach ist. Es kann sehr langwierig und anstrengend sein. Daher versuchen viele Erdenengel oft, dieses Liebesdefizit durch kurzfristige Dopaminquellen zu füllen – beispielsweise durch Zucker, Alkohol, Tabak oder Drogen. Dies reicht je nach Seele von harmlosen Naschkatzen bis hin zu gefährlichem Suchtverhalten.

Tobias versuchte, diesem Liebesdefizit durch Drogenkonsum entgegenzuwirken. Diese betäubten ihn und die stark positiven, wenn auch künstlich erzeugten Gefühle erinnerten seine Seele an die Zeit in der geistigen Welt. Wichtig ist zu verstehen, dass nur das Gefühl ähnlich war, nicht jedoch die Frequenz. Ich fragte in der Akasha Chronik nach, was Tobias helfen könnte, in seine Energie zu finden, das Defizit zu heilen und seine Seele noch intensiver kennenzulernen. Ich bekam einige spannende Tipps und Übungen für ihn. Er dürfe sich zunächst verstärkt mit seiner Engelsessenz verbinden, indem er mit Engeln arbeitete, die Erzengel kennenlernte und sie in seinen Alltag integrierte. Vor allem Erzengel Jophiel, der Engel der Wahrheit und Erleuchtung, stehe aktuell mit seiner Kraft an seiner Seite und unterstütze ihn in seiner Selbstwiederfindung. Er dürfe zudem das Energiezentrum seines Solarplexus stärken, indem er viel Zeit im Sonnenlicht verbrachte, bei Kerzenlicht meditierte und seine Körperhaltung durch Bauchmuskel- und Rückentraining stärkte. Letzteres war für ihn notwendig, um seine Flügel in voller Pracht und aufrecht tragen zu können, da diese viel seiner Seelenenergie beinhalteten.

Ich bekam noch eine weitere Botschaft im Hinblick auf die Flügel eines Erdenengels. Aktuell waren Tobias' Flügel eingeklemmt. Ich sah, wie er sie in einer engen Kiste auf dem Rücken trug und sich nicht traute, sie auszubreiten. Dies sei ein typischer innerer Konflikt bei Erdenengeln. Er dürfe mutig sein und den Raum einnehmen, den seine Flügel brauchten, den seine Seele brauchte. Das gilt für alle Erdenengel auf dieser Welt. Ein Liebesdefizit führt auch oft dazu, dass wir uns kleinmachen, obwohl wir groß sein wollen. Deshalb dürfen gerade Erdenengel üben, ihrer Seelenenergie Raum einzuräumen und diesen auch aktiv einzunehmen, um dann in aller Herrlichkeit ihr Licht strahlen zu lassen.

Ich bekam hierzu eine wundervolle, einfache Übung: Stelle dich in ein leeres Zimmer, schließe deine Augen und spüre in die räumliche Dimension dieses Zimmers hinein. Visualisiere seine Wände, seine Decke. Stelle dir dann vor, wie du deine Flügel ausbreitest und wie du sie nach und nach wie ein Zelt, das jahrelang zusammengefaltet im Keller verstaubte, in ihrer Größe und Pracht entfalten kannst. Spüre, wie weich deine Federn sind, wie groß deine Flügelspannweite ist, und strecke sie komplett aus. Genieße diesen Moment. Nimm den Raum ein, den du brauchst – ohne dich für andere verbiegen zu müssen und kleinzuhalten. Atme ein und atme durch, mache dich groß, denn es ist genug Raum für alle da.

Diese Übung dürfe Tobias lehren, dass seine Meinung und sein Beitrag wichtig seien. Seine Existenz und Lichtarbeit werden hier auf der Erde gebraucht. Gestehe er sich den Raum zu, den seine Seele braucht, so werde sein Licht sichtbarer und er könne den Seelen helfen, die damit resonieren und seine empathischen Fähigkeiten brauchen. Indem er sich selbst den nötigen Raum gebe, gehe er den ersten Schritt seiner Selbstliebe und komme so in seine authentische Seelenenergie.

Wenn du ebenfalls mit der Energie der Engel resonierst und die Worte dieser Geschichte eine Wirkung auf dich haben, dann ist diese Botschaft für dich: Du bist wichtig und geliebt. Vergiss das nicht.

Akasha Übung: Glücksherde

Jedes menschliche Leben besitzt Quellen des Glücks – sogenannte Glücksherde. Diese Quellen befinden sich im Außen und helfen uns durch schwierige Zeiten und Trauer, weil sie uns Halt geben und einen Anker in unserem Leben darstellen. Das kann eine liebe Person sein, ein Lieblingscafé, ein Mannschaftssport. Manchmal verlieren wir jedoch einige dieser Glücksherde: Eine Beziehung geht zu Bruch, das Lieblingscafé schließt oder wir ziehen in eine andere Stadt und müssen unseren Herzenssportverein verlassen. Je nach Schweregrad kann ein Wegfall eines Glücksherds drastische Folgen haben und auch Depressionen auslösen.

Das Wichtigste ist, dass wir versuchen, unsere Glücksherde zunächst zu verstehen, und hierfür ist eine Innenkehr notwendig. Wir alle brauchen Außenquellen, die uns glücklich machen. Kein Mensch ist dauerhaft glücklich, wenn er in Isolation ist und sich von der Schöpfung der Erde abwendet, denn wir sind alle energetisch verbunden. Dennoch ist es genauso wichtig zu verstehen, dass unser Glück nicht von diesen äußeren Glücksherden abhängt, sondern diese Herde vielmehr eine Reaktion auf unser inneres Glück sind.

Ein Beispiel: Wenn du weißt, welche Sportart dich glücklich macht, dann kannst du, egal wohin du ziehst, einem Verein beitreten oder diesen gar selbst gründen, der eine Glücksquelle für dich im Außen erschafft. Dein Glücksherd beginnt also im Innen und manifestiert sich im Außen, um dir dann regelmäßig Freude zu schenken.

Die folgende Übung hilft dir, wenn du das Gefühl hast, Glücksherde verloren zu haben. Sie zeigt dir, wie du zunächst durch Innenschau und dann durch Außenwirksamkeit deinen verloren gegangenen Glücksherd ersetzt.

So geht die Übung:

1. Du brauchst für diese Übung zwei Blätter Papier und einen Stift. Setze dich an einen Schreibtisch und wähle einen Moment, in dem du Ruhe hast und dich ganz und gar auf dich selbst konzentrieren kannst.
2. Atme tief durch die Nase ein und durch den Mund wieder aus und komme zunächst bei dir an. Zentriere dich und spüre in dich hinein.
3. Nimm das erste Blatt Papier und lege es vor dich hin. Male dann in die Mitte ein Strichmännchen, das dich

symbolisiert. Notiere dir um das Männchen all die Glücksherde, die du verloren hast. Benenne dieses Bild »DAMALS«.
Beispiel: Du bist aus deiner alten Heimat weggezogen und hast deine Freunde und dein Schwimmteam verloren, welche große Glücksherde in deinem Leben waren. Außerdem vermisst du dein Lieblingscafé, welches dein absoluter Lieblingsort in deiner Heimatstadt war.

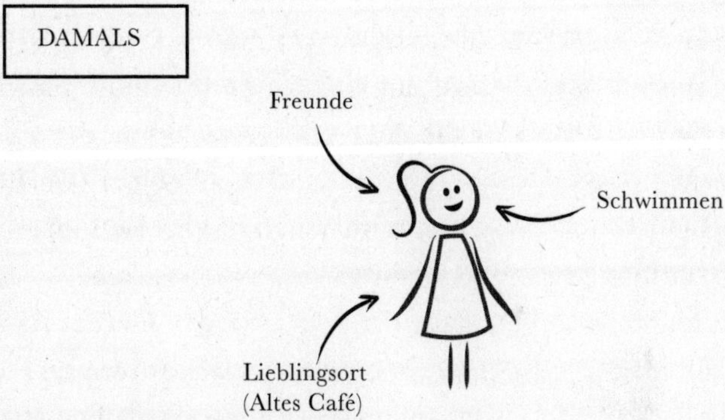

Deine verlorenen Glücksherde

4. Nimm dann das zweite Blatt, gib ihm den Titel »JETZT«, male dich wieder als Strichmännchen in die Mitte und frage dich, wie du die weggefallenen Glücksherde ersetzen kannst. Gehe hierfür den folgenden Fragen auf den Grund:

Was machte mich an diesen Glücksherden wirklich glücklich?
Wie kann ich mir dieses Glück erneut erschaffen?

Schreibe deine Ideen auf.
Beispiel: Du fragst dich, wie du in deiner neuen Stadt Freunde findest. Vielleicht gibt es einen Verein, dem

du beitreten kannst, oder du startest den Tanzkurs, der schon seit Ewigkeiten auf deiner Liste steht. Auch deine Schwimmleidenschaft ist dir wichtig und du freust dich schon darüber, aktiv nach Schwimmgelegenheiten zu suchen. Du möchtest auch einen neuen Lieblingsort finden, an dem du im Sommer gemütlich Bücher schmökern kannst. Du stellst fest, dass dir dein altes Lieblingscafé deshalb so gefallen hat, weil es dort immer schön ruhig war und dort eine magische Atmosphäre herrschte. Du beschließt, die neue Stadt nach hübschen Cafés und versteckten Geheimorten zu durchsuchen und mit einer Thermoskanne Kakao zu Fuß zu erkunden. Wer weiß, vielleicht findest du eine magische Lichtung oder eine schöne Bank auf dem kleinen Hügel im Norden, auf der du über die gesamte Stadt blicken kannst?

Deine neuen Glücksherde

5. Spüre in die Magie und Kraft hinein, die du dir so manifestieren wirst. Es liegt so viel Zauber im Neuen, so viel Potenzial.

Setze dich nicht unter Druck, alle Herde auf einmal zu ersetzen. Gehe die Dinge Schritt für Schritt an und beginne mit dem, das für dich die kleinste Hürde darstellt. Arbeite dich so Glücksherd für Glücksherd voran. Vieles ergibt sich automatisch, wenn du dich mit der Intention der Glücksfindung aktiv ins Geschehen begibst. Du wirst erkennen, dass du das Rezept für dein Glück bereits in dir trägst.

Ein Frosch im Halschakra

Ich erinnere mich noch genau an einen Moment in meiner Jugend. Zwar ist es mir schon immer leichter gefallen, selbstbewusst aufzutreten, doch gerade die Jugend ist eine Zeit, die von Zugehörigkeitsbedürfnis und Gruppenkonformität geprägt ist. Niemand möchte wirklich allein sein. Wir alle sehnen uns nach Menschen, die uns verstehen und denen wir uns öffnen können. Ich bin in meinem Leben oft umgezogen, was dem Beruf meines Vaters geschuldet war. Aufgrund meiner schnell wechselnden Freundeskreise lernte ich, offen auf Menschen zuzugehen, und bin heute sehr dankbar für diese Erfahrung, da ich die Angst vor Neuem dadurch verloren habe. Dennoch wollte auch ich dazugehören – gerade weil ich oft das neue Mädchen war, das in der Mitte des Schuljahres aus einem anderen Bundesland in die Klasse kam. Deshalb war ich sehr glücklich darüber, als ich zu dem Geburtstag eines beliebten Mädchens eingeladen wurde. Doch auf diesem Geburtstag wurde viel über andere Mitschüler gelästert. Ich spürte in mir ein großes Unbehagen und viele kleine mutige Worte blubberten aus meinem Herzen hoch in meinen Hals. Doch sie schafften es nicht hinaus und ich spürte förmlich, wie mir die Angst vor Ablehnung den Hals zuschnürte. Ich traute

mich nicht, meine innere Wahrheit auszusprechen, weil ich genau wusste, dass ich danach nie wieder zu einem Geburtstag oder einer anderen Feier eingeladen werden würde. Diese Angst schwächte in jenem Moment mein Halschakra und blockierte mich darin, mich authentisch zu zeigen.
Das Halschakra hängt energetisch stark mit dem Aussprechen und Ausleben unserer inneren Wahrheit zusammen. Schaffen wir es, unsere Herzenswünsche und Gefühle klar zu formulieren, fällt es uns leichter, diese im Außen zu formen und nach unserer inneren Wahrheit zu leben. Ist unser Halschakra geschwächt – aus welchem Grund auch immer –, so spüren wir oft eine Angst, unsere Meinung frei zu äußern.

Alte Glaubenssätze

Ähnlich erging es Sonja. Sie bat mich um ein Reading, denn sie hatte das starke Gefühl, einen sehr prägenden und dominanten Glaubenssatz aus einem früheren Leben mitgenommen zu haben. Ich fragte in der Akasha Chronik nach und wurde in das späte 18. Jahrhundert zurückversetzt. Sonja war im vergangenen Leben ein taubstummes Mädchen in ärmeren Verhältnissen. Zwar beginnt die Geschichte der modernen Gebärdensprache genau in jener Zeit, jedoch war es Sonja damals nicht möglich, in eine der neu gegründeten Gebärdenschulen für Kinder zu reisen und dort zu lernen. Dies führte zu mehreren Dingen: Sonjas Mutter war der einzige Mensch in ihrem Leben, der sie wortlos verstehen konnte. Sie fühlte sich deshalb oft unsichtbar und außer ihrer Mutter konnte sie niemandem ihre Gefühle anvertrauen. Der Glaubenssatz »Ich fühle mich missverstanden« begleitete sie ihr ganzes Leben und reichte sogar darüber hinaus in die aktuelle Inkarnation. Jedoch lernte sie dadurch, stark auf die Gefühle und Emotionen anderer zu achten und diese zu deuten,

um besser unterscheiden zu können, wer ihr wohlgesonnen war und wer Schlechtes im Sinne hatte. Auch diese Fähigkeit – eine starke Intuition – nahm Sonja in die aktuelle Inkarnation mit, da dies damals ihre Hauptlernaufgabe im Leben war.
Ich spürte hellwissend, dass sie nun bereit war, den Glaubenssatz von damals vollständig aufzulösen – ja dass sie bereits seit einiger Zeit aktiv an diesem Thema arbeitete. Sie dürfe komplett annehmen und erkennen, wie mächtig sie sei und dass sie keine Angst zu haben brauche, ihre Stimme zu erheben. Sie dürfe ihre innere Wahrheit zu jeder Zeit in Liebe und Ehrlichkeit aussprechen. So strahle sie ihre Seelenessenz nach außen aus und lebe in ihrer Authentizität. Ich hörte eine wundervolle, klare Bekräftigung aus der geistigen Welt. Ein Versprechen, das so wichtig ist, gerade in einer Zeit, in der es viel zu laut ist und wir von vielen egogetriebenen Worten stumm werden.

Deine Stimme zählt.

Sonja solle ihre Gefühle laut aussprechen und sie nicht unterdrücken oder gar vergraben. Sie dürfe jedoch nicht vergessen, dass ihre Worte eine bestimmte Frequenz besitzen. Deshalb ist es unglaublich wichtig, die eigenen Worte immer mit Bedacht, nie aus dem Ego und immer in Liebe zu wählen. Dies zu unterscheiden, ist nicht immer leicht, weil wir alle im Streit kleine verletzte Kinder sind. Schaffen wir es aber, unsere sanfte innere Wahrheit auszusprechen, so kommt dies bei unserem Gegenüber auch als authentische und ehrliche Energie an – und das kann Berge versetzen.
Zum Schluss durfte ich Sonja noch übermitteln, dass sie regelmäßig ihr Halschakra stärken dürfe, indem sie singe oder gurgle. Außerdem dürfe sie eine Halskette mit einem Bergkristall und einem Aquamarin tragen. Der Bergkristall fördere die Klarheit ihrer Botschaften und der Aquamarin ihren Selbstausdruck und ihre Kommunikationsfähigkeit. Das Halschakra ist das Energie-

zentrum unserer inneren Wahrheit. Diese wird zwar im Herzen gebildet, findet aber den Weg nach außen durch unsere Stimme. Hemmt uns eine Angst vor dem Aussprechen unserer Wahrheit und unserer Gefühle, bildet dies einen energetischen Stau im Halschakra, der sich als Frosch im Hals oder Schlimmeres manifestieren kann. Stärken wir unser Halschakra regelmäßig, indem wir es energetisieren oder reinigen, so befreien wir es von Restenergien und vermeiden größere Energiestaus. Schaffen wir es dann noch zusätzlich, regelmäßig unsere Gefühle laut auszusprechen, können wir authentisch und in unserer Seelenenergie leben.

Wir dürfen laut werden, wenn uns jemand verletzt.
Wir dürfen aber genauso laut werden, wenn wir glücklich und geliebt sind.

Wenn du anfällig für Halsschmerzen bist, solltest du deshalb dein Halschakra regelmäßig stärken. Nach dem Reading erzählte Sonja mir, dass sie als Kind oft unter chronischen Halsschmerzen gelitten hatte und immer sehr schüchtern war. Sie hatte sich nie getraut, etwas zu sagen, und sich oft missverstanden gefühlt. Seitdem hatte sie viel an diesem Thema gearbeitet und fühlte sich stärker im Vertreten ihrer eigenen Meinung. Sie war sehr dankbar für die zusätzlichen Tipps aus der Akasha Chronik.

Diesem Reading möchte ich noch drei wichtige Punkte anfügen: Der erste Punkt betrifft unsere Welt. Zwar bewegen wir uns mit gewaltigen Schritten alle in Richtung unserer authentischen Seelenenergie, doch sind wir noch in vielen Situationen unseres Alltags von fremden Energien abhängig – das ist menschlich. Vor allem im Beruf wäre es wahrscheinlich nicht angebracht, dem Chef die innere Wahrheit unverblümt auf den Tisch zu legen, zumindest nicht von heute auf morgen. Das Ziel ist es natürlich, Schritt für Schritt in die Authentizität und Wahrheit zu finden, doch dieser Prozess darf seine Zeit dauern und wir gehen ihn als Menschheit größtenteils gemeinsam. Denn wir leben in einer Gemeinschaft und nicht jeder Mensch hat den gleichen Wissens- und Erfahrungsstand. Manchmal ist also um unserer selbst willen Reden Silber und Schweigen Gold. Um in solchen Situationen keinen energetischen Stau im Hals zu verursachen, dürfen wir unserer inneren Wahrheit ein anderes Ventil verschaffen. Anstatt unsere innere Wahrheit in diesen heiklen Momenten auszusprechen, können wir sie auch ausleben, indem wir uns beispielsweise energetisch von Menschen oder Situationen distanzieren, die mit uns nicht resonieren. Wenn wir mit unserem Chef unglücklich sind, können wir unsere innere Wahrheit in die Suche nach unserer Berufung lenken. So unterdrücken wir die Worte in unserem Herzen nicht, wir leiten sie lediglich in Taten um.

Ein weiterer wichtiger Punkt, der aus vielen Akasha Chronik Readings sehr klar wurde, ist die Triggerfähigkeit der inneren Wahrheit. Sprechen wir unsere innere Wahrheit aus, so wird dies vielleicht bei unserem Gesprächspartner eine negative Triggerreaktion hervorrufen. Dies soll uns aber in keiner Weise davon abhalten, unsere innere Wahrheit auszusprechen, solange wir sie in Liebe und ohne Egogefühle weitergeben. Wie ich bereits erklärte, haben Worte eine bestimmte Frequenz. Gerade ehrliche, echte Worte der inneren Wahrheit sind hochfrequent und daher zu großen exothermen Reaktionen fähig. Diese Reaktionen sind im Gegenüber notwendig und es sind immer Heilreaktionen. Vielleicht fühlen oder hören sich diese nicht so an, vor allem, wenn das Gespräch im Streit endet. Doch in deinem Gegenüber wird durch deine Worte ein Prozess der Heilung angestoßen – und es geschieht der nächste notwendige Schritt, der für diese Seele jetzt wichtig ist. Habe daher kein schlechtes Gewissen, wenn die andere Person wütend oder empört auf deine innere Wahrheit reagiert. Dies ist lediglich ein Schutzmechanismus gegen ihre eigene innere Heilarbeit.

Das bedeutet allerdings nicht, dass wir unserem Partner die aufgestaute Wut der letzten zehn Jahre um die Ohren hauen sollen. Es bedeutet auch nicht, dass uns alle Menschen nur noch mit Samthandschuhen anfassen dürfen. Es ist nicht immer leicht, unsere verletzten Gefühle von der Wahrheit zu unterscheiden, die in uns wohnt. Deshalb starte ich die Sätze meiner inneren Wahrheit immer mit »Ich« und niemals mit »Du«. Und ich versuche mich auch immer in die Situation meines Gegenübers hineinzudenken, denn auch in ihm liegt eine unausgesprochene innere Wahrheit.

Und so komme ich zum dritten Punkt: Jeder Mensch besitzt eine andere Wahrheit und diese ändert sich regelmäßig mit unserer Erfahrung und unseren Lebensumständen. Als Teenager waren uns andere Werte wichtiger als jetzt. Außerdem dürfen wir nicht vergessen, dass wir mit unseren Nächsten energetisch verflochten sind. Niemand steht nur für sich allein da. Das bringt gerade in Beziehungen eine starke Komplexität mit sich. Doch die Kommunikation miteinander ist der Schlüssel zum Leben im Einklang mit der inneren Wahrheit beider Seiten.

Wir dürfen lernen, wieder authentisch und echt miteinander zu sprechen.

Akasha Übung: Goldatmung

Ich liebe Goldschmuck. Gold ist ein sehr mächtiges Edelmetall mit intensiver Heilwirkung. Gold wirkt entzündungshemmend und antibakteriell – nicht nur in seiner materiellen Form, sondern auch in seiner energetischen Variante. Ich arbeite daher sehr viel mit goldenem Licht und goldenen Energien, insbesondere wenn ich erkältet bin oder Gegenstände aufladen oder reinigen möchte.

Gold ist die Farbe der Sonnenstrahlen, der Fülle, und diese Farbe wird von vielen Menschen nicht ohne Grund mit Kraft und Stärke assoziiert. Ich möchte dir heute eine Übung vorstellen, die dir hilft, dein Halschakra zu stärken, zu reinigen und dich mit Selbstvertrauen und Motivation zu füllen.

So geht die Übung:

1. Stelle dich aufrecht hin, sodass dein Rücken gerade ist und du einen schulterbreiten Stand hast. Atme mehrmals tief durch die Nase ein und durch den Mund wieder aus. Lasse dir bewusst Zeit, im Moment anzukommen.
2. Visualisiere beim Einatmen, dass du Partikel puren Golds durch deine Nase aufnimmst und dieses heilsame Gold durch deinen Hals fließt. Nimm tiefe und lange Atemzüge und beobachte, wie das goldene Licht und seine heilenden Partikel deinen Rachen auskleiden und mit heilsamer Energie füllen. Stelle dir vor, wie alle Restenergien, die sich dort wie Staub angesammelt haben, im goldenen Licht aufgelöst werden und dein Hals sich frei und stark anfühlt. Diese Goldenergie hebt deine Worte auf eine neue Frequenz der Wahrheit und Authentizität. Alles, was du jetzt aussprichst, hat eine verstärkte Frequenz und Klarheit.
3. Sprich anschließend die folgenden Worte laut aus:

Meine Meinung ist wichtig.
Ich spreche meine innere Wahrheit aus.

4. Spüre dann, wie das Gold weiter in jede Zelle deines Körpers gelangt. Beobachte intensiv den Weg dieser Goldenergie und ihre Heilwirkung auf alles, was mit ihr in Berührung kommt. Dein Hals, deine Brust, dein Bauch bis hin zu deinen Fingern und Zehen, deinem Kopf und deiner Nasenspitze. Fühle achtsam in dich hinein. Nimm dir für diese Goldatmung ausreichend Zeit und lasse das Gold in die Teile deines Körpers fließen, die Heilung brauchen. Das darf ganz intuitiv geschehen.
5. Wenn du fertig bist, bedanke dich liebevoll bei der geistigen Welt für diese Goldenergie und genieße anschließend deine aufkommenden Gefühle.

Diese Übung wirkt auch stark auf unser Solarplexuschakra, da die Goldfarben energetisch mit diesem Energiezentrum resonieren. Wenn du einen Motivationskick benötigst oder dir die Lebenskraft fehlt, liegst du mit der Goldatmung goldrichtig.

Opfer und Schöpfer

Ich bin ein sehr aktiver Mensch und habe manchmal die etwas anstrengende Angewohnheit, jede Stunde meines Tages vollends auszukosten und durchzuplanen. Trotz meines sehr dynamischen Alltags ertappe ich mich immer wieder bei der Frage, ob ich genug mache.

Vielleicht könntest du noch dieses oder jenes Projekt angehen, Anni. Du hast doch noch so viel auf deiner Liste. Oder hier und da noch mehr in deine spirituellen Fähigkeiten investieren – sieh, was andere bereits können und wissen!

Diese Gedanken erzeugen in mir eine unangenehme Rastlosigkeit. Dann erinnere ich mich gerne an meine früheren Inkarnationen zurück. Ich gehe sie gedanklich durch, da ich sie an zwei Händen abzählen kann, und spüre das Wachstum, das meine Seele hier auf dieser Erde bereits erleben durfte. Das liebe ich an der Arbeit mit vergangenen Leben. Einige Menschen waren schon öfters hier, andere sind vielleicht noch nicht so lange auf diesem schönen Planeten, aber alle haben seit Beginn ihrer Existenz als Seele bereits einen Weg des Wachstums hinter sich. Sehen wir uns die einzelnen Schritte dieses Wachstums genauer an, so verfliegt der Gedanke, dass wir zu langsam sind oder zu wenig tun, in Windeseile.

Unterschätze bitte niemals deinen bisherigen Seelenweg. Du kennst nur einen Bruchteil. Viele deiner starken Charaktereigenschaften wurden durch Lernaufgaben und viel Arbeit deiner früheren Ichs geschmiedet, in einem Auf und Ab an Entfaltung.

Unsere Seele ist also kein Fähnchen im Wind, kein einsturzgefährdetes Kartenhaus. Sie ist stabil und weise und trägt wie ein kleiner Computer viele Informationen über das energetische Zusammenspiel dieser Welt und deiner Rolle in sich. Damit wir in unsere Authentizität finden können und die Richtung einschlagen, die sich unsere Seele wünscht, lohnt sich daher ein Blick in die Vergangenheit. Ein Blick auf den langen Weg, der bereits hinter uns liegt. So sehen wir uns selbst in einem neuen Licht und beginnen uns zu respektieren. Dieser Respekt ist eine wichtige Form der Selbstliebe. Mir begegnen immer wieder wundervolle Lichtgestalten im Alltag; Menschen, die fürsorglich und barmherzig sind, die aber ihren eigenen Charakter belächeln und sehr selbstkritisch mit sich umgehen. Wir dürfen lernen, uns selbst ebenfalls den Respekt zu schenken, den wir anderen entgegenbringen. Respekt für all die Steine, die wir auf unserer langen Seelenreise bereits aus dem Weg geräumt haben. Respekt für all die Wünsche, die in unseren Herzen

schlummern und an denen wir bereits seit vielen Inkarnationen arbeiten.
Ehe ich dir anhand einer konkreten Geschichte die Relevanz unserer Inkarnationen erkläre, möchte ich noch eine Grundsatzfrage beantworten, die immer wieder aufkommt und gerade im Hinblick auf vergangene Leben spannend ist.

Was ist eigentlich Zeit?

Und vor allem:

Laufen unsere Inkarnationen parallel ab? Oder wie genau funktioniert das alles? Wie wirken sich unsere Leben aufeinander aus und wie geschieht Heilung?

Ich habe lange im Glauben gelebt, Zeit sei zu 100 Prozent relativ und alles geschehe auf eine verrückte, für menschliche Gehirne nicht nachvollziehbare Art und Weise gleichzeitig. Aber damit lag ich nur halb richtig.
Richtig wahrgenommen hatte ich den folgenden Grundsatz: Zeit ist ein Konstrukt. Doch dieses Konstrukt ist viel komplexer, als wir es uns vorstellen können.
Zeit ist eine Spielregel unserer Welt. Wir bringen durch eine lineare Zeitachse Ordnung in die energetische Entropie. Wir nehmen die Zeit als solche linear wahr und energetisch ist diese Zeit auch linear für uns geschehen – zumindest auf materieller Ebene. Wir waren Kinder, dann Jugendliche, dann Erwachsene. Durch eine lineare Wahrnehmung können wir Frieden mit Ereignissen der Vergangenheit schließen und gleichzeitig die nächste Treppenstufe unserer Entwicklung erreichen. Eine lineare Zeit ist für uns Menschen daher wichtig. Sie existiert für uns linear und sie ist echt – so echt wie die Wolken am Himmelszelt und der Frühlingstau in den Morgenstunden.

Energetisch jedoch sind alle Zeitstränge miteinander verflochten, sodass sie zwar nicht gleichzeitig passieren – zumindest nicht alle –, aber enorme Auswirkungen aufeinander haben. Unsere Vergangenheit ist passé, und trotzdem können wir Wunden aus dieser Zeit energetisch bearbeiten, um so unsere Gegenwart zu heilen. Die Zeitlinien glitzern und wirbeln und tanzen umeinander herum in einem magischen Zusammenspiel. Und all das manifestiert sich für uns in einer linearen Art. Wir können daher die Vergangenheit beeinflussen (Wunden unserer Kindheit zum Beispiel durch energetische Übungen zum inneren Kind heilen) und sie gleichzeitig auch hinter uns lassen, um mit leichtem Gepäck Richtung Zukunft zu schreiten. Eine traumhafte Win-win-Situation.

Unsere früheren Inkarnationen liegen daher in unserer linearen Vergangenheit; wir können sie jedoch energetisch beeinflussen und dadurch unser aktuelles Leben verändern. Auch bereits die Kenntnis über unsere vergangenen Erlebnisse können aktuelle Energiestaus lösen und heilen.

Der Wunsch nach Anerkennung

Nun möchte ich dir Tanjas Geschichte erzählen. Es ist eine Geschichte, in der deutlich wird, wie stark unsere Inkarnationen zusammenhängen und wie atemberaubend und spannend es ist, den roten Faden unserer Erdenleben unter die Lupe zu nehmen. Sie bat mich um ein Reading, weil sie unter toxischen Freundschaften litt. Immer zog sie Menschen in ihr Leben, die sie schlecht behandelten. Es ging ihr in diesen Beziehungen nicht gut, dennoch hatte sie stets das große Bedürfnis, in diesen Freundschaften geliebt zu sein, und versuchte deshalb, allen Erwartungen gerecht zu werden. Die kräftezehrende Dynamik dieser Beziehungen wurde ihr kürzlich bewusst und sie stellte der Akasha Chronik

daher die Frage, warum sie diese Art von Menschen anzog und wie sie sich von diesem Drang nach Anerkennung lösen konnte.
In der Akasha Chronik sah ich vor meinem inneren Auge eine alte Filmrolle mit vielen verschiedenen Einzelbildern aufblitzen. Jedes dieser Bilder zeigte mir eine vergangene Inkarnation von Tanja. Die Bilder waren aber nicht verblasst, wie man sie sonst von altem Filmmaterial her kannte – sie waren bunt und lebendig. Jedes einzelne Bild erzählte mir die Geschichte eines ganzen Lebens. Unsere früheren Leben sind keine alten, verstaubten Bilder in Sepiatönen. Sie sind voller Farben, Gefühle und Gedanken. Das erste Foto auf der Filmspule zeigte Tanjas erste Inkarnation in diesem Erdzyklus. Ich sah eine arme Bettlerin und fühlte die Trauer dieser Frau. Ihr Alltag war hart und ihre Existenz fühlte sich sehr schwer an. Sie besaß wenig und kämpfte sich mittellos und mühsam durch ihr ganzes Leben. Niemand schaute ihr ins Gesicht, alle liefen an ihr vorbei, als wäre sie unsichtbar. Die Bettlerin saß in ihren Lumpen auf der Straße und beneidete die anderen Menschen um ihr Geld und ihr Ansehen. Sie wünschte sich nichts sehnlicher, als ebenso erfolgreich im Leben zu stehen, und vor allem: von anderen Menschen gesehen zu werden.

Auf dem zweiten Foto, Tanjas nachfolgender Inkarnation, sah ich einen Mann mittleren Alters, der Pferderennen veranstaltete und damit sehr erfolgreich war. Ihm waren der Ruhm und Reichtum, die sein Beruf mit sich brachte, sehr wichtig, und ebenso die Bewunderung anderer Leute. Er hatte Freunde und Familie, wurde geliebt und war Teil vieler angesehener Kreise. Dennoch war er nicht glücklich. Er sah immerzu die anderen, die fleißiger und reicher waren als er. Zu diesen Menschen blickte er auf, denn sie standen aus seiner Sicht im Licht der Welt. Und er stellte sich unzufrieden und absichtlich in ihren Schatten.

Die Engel in der Akasha Chronik ließen mich noch oberflächlich durch weitere Inkarnationen blättern und obwohl ich dort

keine deutlichen Bilder wahrnehmen konnte, fühlte ich, dass alle Inkarnationen durch eine Wahrheit verbunden waren.
Tanja sehnte sich in jedem Leben danach, sich zu verbessern. Sie wünschte sich, von anderen gesehen zu werden. Und immer gab es jemanden, der mehr hatte oder mehr war als sie.
Dieses Gefühl kennen wir alle gut. Wir blicken in den Spiegel und sind eigentlich zufrieden, bis wir auf Menschen treffen, die klüger, hübscher, erfolgreicher sind als wir. Es ist eine schmerzhafte, aber sehr befreiende Wahrheit, dass es immer einen Menschen geben wird, der uns in einem bestimmten Bereich übertrifft. Wenn wir dies akzeptieren und dem Ideal eines perfekten Menschen nicht mehr hinterherrennen, können wir beginnen, uns selbst zu akzeptieren. Für das, was wir sind und bereits erlebt und gelernt haben.
Diese Lernaufgabe stand Tanja bevor und ihre aktuelle Inkarnation versuchte ihr das zu spiegeln. Ihre Seele machte sie durch die toxischen Beziehungen darauf aufmerksam, wie wichtig es sei, den eigenen Lernweg zu schätzen und zu sehen. Tanja stand oft im Schatten und wartete darauf, dass andere Menschen sie mit ihrem künstlichen Taschenlampenlicht anleuchteten. Sie sehnte sich nach Anerkennung und litt unter ihrem Glaubenssatz, sich für andere verändern zu müssen, um gesehen zu werden.
Tanjas Seele wusste ganz genau: Das innere Feuer strahlt heller als jede Taschenlampe. Sie dürfe sich daher mutig ins eigene innere Licht stellen – das Licht, das in ihrer Seele strahlt und sie authentisch macht. Sie brauche die künstlichen Lichtquellen anderer Menschen nicht, um zu leuchten. Sie dürfe aus ihrer Opferrolle ausbrechen und ihren rechtmäßigen Platz als Schöpferin einnehmen. Sie brauche auch keine Angst davor zu haben, durch diesen Wechsel allein zu bleiben und all ihre Freunde zu verlieren. Die Anerkennung der richtigen Menschen komme automatisch, wenn sie lerne, dieses Licht wie ein Feuer zu entzünden, da es zu einem Lauffeuer werde, das auch andere Herzen entfacht.

Mir wurde warm ums Herz. Wie oft stellen wir fremde Bedürfnisse voran, um Harmonie zu wahren und fremden Erwartungen gerecht zu werden? Dieses Reading lehrte mich, dass unser Seelenlicht ausreicht, um von den richtigen Menschen gesehen zu werden. Wir dürfen mutig sein, unsere wundervollen Erfahrungen, die wie ein Puzzle dieses Licht erschaffen haben, nach außen zu tragen. Dadurch wachsen wir nicht nur, wir wachsen sogar über uns und unsere Grenzen hinaus. Tanja arbeitete sich in ihren vergangenen Leben auf der Karriereleiter hoch und im Laufe dieser wurde sie erfolgreicher. Doch sie tat dies selten für sich und viel zu oft für andere. Sie gewann an Ansehen, weil sie sich seit ihrer ersten Inkarnation als Bettlerin so sehr wünschte, gesehen zu werden. Doch wir möchten nicht als das gesehen werden, was wir vorgeben zu sein, sondern als das, was wir wirklich sind. Wir möchten, dass andere Menschen unsere Seele sehen und uns genau für dieses Seelenlicht schätzen. Darum geht es am Ende immer: geliebt zu werden.

Doch andere können uns nur sehen und lieben, wenn wir uns zuerst selbst sehen und lieben. Dazu gehört, dass wir nicht zu hart mit uns ins Gericht gehen und stolz darauf sind, was wir bisher gelebt, geleistet und gefühlt haben. Natürlich machen uns die Zeiten von Social Media und FOMO (»fear of missing out«, also die Angst, etwas zu verpassen) dies nicht leicht. Wir sehen täglich fremde Leben, die spannender und bunter erscheinen als die unseren. Doch auch andere Menschen verstecken sich gerne hinter herausgebrochenen Einzelereignissen, die im künstlichen Licht fremder Bewunderung für sie funkeln.

Ich fragte in der Akasha Chronik nach, wie Tanja ihr inneres Leuchten entfachen könne, sodass sie auf äußere Lichtquellen nicht mehr angewiesen war. Daraufhin sah ich, wie Tanja in einer Glaskugel stand. Die Kugel war verschlossen, durchsichtig und leer. Und sie stand einsam und allein darin. All ihre Errungenschaften und die Fähigkeiten, auf die sie wirklich stolz war, schwebten als kleine energetische Lichter um ihre Glaskugel herum. Sie leuchteten und schimmerten in allen Farben des Regenbogens. Bis jetzt versuchte Tanja energetisch immer wieder, diese kleinen Energielichter wie Sportbälle nach anderen zu werfen, um auf sich aufmerksam zu machen. Dies führte leider nur dazu, dass andere ihre kleinen bunten Energielichter ausnutzten und für eigene Zwecke missbrauchten. Sie dürfe lernen, diese Lichter in den Schutz ihrer Glaskugel aufzunehmen. So würde ihre Kugel nicht nur gefüllt, sondern auch zum Strahlen gebracht werden – wie eine große Glühbirne. Andere Menschen, die mit ihrem Licht resonierten, würden so zu ihr finden. Außerdem wäre ihre Energie vor ungewollten Fremdeingriffen geschützt. Eine Energie voller Freude, Authentizität und Licht.

Ihre kommende Aufgabe war es also, sich selbst besser kennenzulernen. Hierfür dürfe Tanja ein Tagebuch über ihre Lernaufgaben und die Durchbrüche ihrer Vergangenheit führen, auf die sie besonders stolz war. Durch das Niederschreiben ihrer Gefühle und Gedanken finde sie mehr Klarheit darüber, was ihr im Leben wirklich wichtig sei.

Außerdem solle sich Tanja von Menschen fernhalten, die ihr nicht guttaten. Die toxischen Freundschaften durften ihr spiegeln, dass es Zeit sei, ihre Energie ins Innere zurückzuholen. Genauso wie es Zeit sei, diese Beziehungen nun gehen zu lassen.

Die Kraft deiner Gegenwart

Du siehst, ein Blick in deine früheren Inkarnationen kann dir viele Aha-Momente hinsichtlich deines Seelenwachstums verschaffen. Je mehr meiner Inkarnationen ich kennenlernte, desto facettenreicher erschien mir meine Seele und desto mehr Liebe und Respekt verspürte ich für meine Existenz. Es ist ein Segen, die Akasha Chronik so nutzen zu dürfen.

Und obwohl ich es liebe, in früheren Inkarnationen zu stöbern, erinnere ich mich immer daran, warum ich dies tue. Warum suche ich meine früheren Inkarnationen auf? Warum sammle ich diese Informationen über meine Seele? Um Klarheit und Verständnis über jene zu gewinnen, damit ich im Hier und im Jetzt die für mich richtigen Entscheidungen treffen kann. Denn unsere Gegenwart ist und bleibt unser wirksamster und magischster Moment. Wir können zwar in frühere Inkarnationen hineinschauen und auch in mögliche Zukunftsszenarien, um dort zu heilen oder zu manifestieren, aber der Ausgangspunkt unserer Kraft ist immer das Jetzt.

Stelle dir vor, du stellst dich mit beiden Beinen aufrecht hin. Dort, wo du stehst, liegt deine Gegenwart, deine Realität. Streckst du die Arme aus, kannst du mit deinem linken Arm gewisse Ziele erreichen und Zustände verändern – so auch mit deinem rechten Arm. Du erweiterst mit deinen Armen deine Reichweite, doch du bleibst fest verankert in deiner Kraft immer noch an Ort und Stelle stehen. Du kannst also mit deinem linken Arm energetische Situationen deiner Vergangenheit heilen und auch mit deinem rechten Arm energetische Stränge deiner Zukunft manifestieren. Doch all dies passiert immer aus der Kraft deiner Gegenwart heraus. Hier liegt deine Magie. Im jetzigen Moment. Du entscheidest, was in deiner Zukunft passiert. Mit dem Wissen der Vergangenheit und der Kraft deiner Gegenwart.

Akasha Übung: Der Leuchtturm

Unser inneres Licht strahlt hell. Wir können es nutzen, um selbstbewusst und aufrecht durch unser Leben zu gehen. Wir dürfen und sollen es aber auch nutzen, um an-

dere Lichter anzuziehen, die mit unserem Licht resonieren. Die kosmischen Gesetze dieser Welt sind auf unsere Seelenenergien ausgerichtet. Wir können das Gesetz der Anziehung nutzen, um das anzuziehen, was wir ausstrahlen – und wir allein bestimmen, welche Energie das ist. Deshalb ist es wichtig, dass wir achtsam und authentisch nach außen treten, da es leicht passieren kann, dass wir Situationen anziehen, deren Energie wir lediglich als Maske getragen haben. Wenn wir es aber schaffen, ohne Angst unser Seelenlicht strahlen zu lassen, können wir das manifestieren, wonach sich unsere Seele sehnt, und Träume verwirklichen, die wir seit langer Zeit in uns tragen.
Hierfür habe ich eine wunderschöne kurze Visualisierungsübung aus der Akasha Chronik empfangen. In dieser Übung stellst du dir vor, du seist ein Leuchtturm. Ich bekam Gänsehaut am ganzen Körper, als ich dieses Sinnbild in der Akasha Chronik sah. Wir alle sind strahlende Leuchttürme und dürfen unsere Träume und Seelensehnsüchte endlich nach Hause führen.

So geht die Übung:

1. Stelle dich im schulterbreiten Stand aufrecht hin. Atme tief durch die Nase ein und langsam durch den Mund wieder aus. Wiederhole diese Atmung und spüre, wie du ruhiger und zentrierter wirst. Lasse deine Arme locker an der Seite hängen.
2. Spüre nun in dein inneres Licht hinein. Es ist warm, hell und voller Kraft. Es breitet sich langsam über deinen Herzraum aus und erfüllt deinen ganzen Körper. Von deinem Haar bis hinunter zu den Zehenspitzen. Du fühlst, wie alles in dir in deinem Licht erstrahlt

und dieses Licht dir so vertraut ist. Es erfüllt dich ganz. Verweile einige Momente in diesem Licht.

3. Strecke nun deine Arme zu beiden Seiten aus.
4. Stelle dir vor, du bist ein Leuchtturm an deinem Seelenhafen. Vor dir erstreckt sich das dunkle Meer, in dem die Schiffe umhersegeln, die deine Wünsche und Träume tragen. Zeige ihnen durch dein Licht den Weg nach Hause.
5. Spüre, wie sich dein inneres Licht ausweitet und du wie ein Leuchtturm strahlst. Dein Licht ist so hell und du strahlst selbstbewusst deine authentische Seelenenergie aus, um genau die Schiffe anzuziehen, die mit dieser Energie resonieren. Fühle hinein, wie kraftvoll deine Lichtquelle ist, und sprich die folgenden Worte laut aus:

   Ich leuchte hell und ziehe das an, was zu meiner Seele passt.

Wichtig ist, dass du dieses Licht nicht nur in dieser Übung spürst. Nimm diese Übung zum Anlass, dein Licht im Alltag ebenso hell leuchten zu lassen. Sei stolz auf dich, denn deine Seele gibt es nur einmal in diesem Universum. Du bist besonders und du darfst dich zeigen.

Akasha Stories zu spiritueller Entwicklung und Hochsensibilität

Wir alle sind spirituell. In der Spiritualität geht es nicht darum, welchen Gott ich verehre oder welche Bücher ich bereits gelesen habe. Spiritualität kann man nicht lernen, sie ist der Seele immanent. Es ist die Verbindung zu allem Unsichtbaren – eine Verbindung, die jeder Mensch besitzt, auch wenn sie bei vielen noch eingerostet ist.

Wir leben in einem Zeitalter, in dem dieser Teil unseres Daseins langsam, aber beständig erwacht. Wie aus einem Dornröschenschlaf öffnen wir unsere Herzen und lauschen den Klängen unserer Seele. Wir werden sensibler für die Energien um uns herum und es fühlt sich fast schon so an, als wären wir bis jetzt mit nur einem geöffneten Auge durch das Leben gegangen. Plötzlich sehen wir die Welt vollständig.

Diese Entwicklung, auch bedingt durch zahlreiche energetische Hilfestellungen und Lichtupdates aus der geistigen Welt, bewirkt bei vielen eine erhöhte Sensibilität. Viele Menschen fühlen sich daher in großen Massen unwohl, da sie jede einzelne Energie auf ihrer Haut spüren können. Die Anzahl psychischer Erkrankungen nimmt zu, weil uns die moderne Lebensweise und die überfüllten Städte von unserer Verbindung zur Natur, zur geistigen Welt und zu unserem eigenen Körper abhalten.

Deshalb begeben sich viele Seelen auf die Suche nach dem Ursprung – ihrer Lebensfreude, ihrer Seelenenergie, ihrer Liebe –, um sich spirituell weiterzuentwickeln und zurück zu den Wurzeln zu finden, die wir durch die Schnelllebigkeit und Hektik des Alltags oft übersehen.

Es geht in der spirituellen Entwicklung aber nicht nur darum, dass wir uns mit der geistigen Welt verbinden und in höheren Sphären schweben. Dieser Aspekt ist ein wundervoller Teil davon, dem ich als Wassermann-Geborene sehr gerne nachgehe, aber es gibt so viel mehr. Spirituelle Entwicklung ist die Wahrnehmung, dass unsere Natur heilig ist. Spirituelle Entwicklung geschieht, wenn wir erkennen, dass jeder Mensch zur Schöpfung gehört und wir alle Einfluss auf die Energie unserer Erde haben. Spirituelle Entwicklung bedeutet auch, dass wir alle bewusst jetzt auf dieser Erde inkarniert sind. Nicht nur, um bestimmte Lernaufgaben zu bewältigen, sondern auch, um den Zauber dieser Welt zu genießen.

Spirituelle Entwicklung ist vielfältig und jeder Mensch genießt auf seinem Lernweg andere Aspekte hiervon. Wir sollten daher nicht mit Druck die anderen Erdbewohner als Maßstäbe unseres Wachstums sehen, sondern zuerst lernen, uns selbst wieder zu spüren und unsere Seele wahrzunehmen.

Die Hexe mit den blockierten Hellsinnen

Unsere Existenz ist ein Wunderwerk. Wir leben nicht nur auf der materiellen Ebene, sondern interagieren auch – meist unterbewusst – mit der geistigen Welt. Wir besitzen einen physischen Körper und einen Geistkörper. Durch unseren physischen Körper kommunizieren wir mit dem Teil der Welt, den wir bewusst sehen und wahrnehmen können: Wir halten unsere Kinder an der Hand, wir riechen den Duft einer Blumenwiese und hören die Stille des ersten Schnees. Immer mehr Menschen erkennen aufgrund der Aufstiegsenergien – dazu später mehr im Abschnitt

»Der Aufstieg der Erde« S. 200 –, dass es eine weitere Ebene des Bewusstseins gibt, die für das bloße Auge unsichtbar ist. Diese Ebene der geistigen Welt nehmen wir durch unseren Geist- und Energiekörper wahr, unsere Aura und unsere Chakren.

Unsere Hellsinne sind hierbei der Schlüssel zur detaillierten Kommunikation mit der geistigen Welt. Trainieren wir diese regelmäßig, werden wir empfänglicher für alle Botschaften, die uns die geistige Welt übermitteln möchte. Wir hören dann die Stimme unseres Schutzengels durch unser Hellhören und wir sehen frühere Inkarnationen unserer Seele durch unsere Hellsichtigkeit. Es fällt uns dann auch leichter, Situationen in unserem Leben energetisch besser einzuordnen und zu verstehen, welche Menschen mit unserer Seele resonieren und von welchen wir uns lieber fernhalten sollten.

Eines dürfen wir uns immer wieder vergegenwärtigen: Auf keinem Schritt unseres Weges sind wir allein. Neben uns fliegen immer zumindest unser Schutzengel und unser Geistführer umher, um uns bei allen Entscheidungen des Lebens beizustehen. Unser geistiges Team schickt uns regelmäßig Worte und Bilder, Ermutigungen und Ermahnungen. Wenn du wenig Kontakt zu deinen Engeln oder Geistführern hast und du dich deshalb wunderst, ob sie überhaupt da sind, sei unbesorgt. Sie sind immer an deiner Seite. Nur kannst du sie nicht immer klar hören, weil dein Radio auf den falschen Sender eingestellt ist und du die Sprache des Universums noch einmal auffrischen darfst. Wie? Indem du an deinen Hellsinnen arbeitest. Das Stärken unserer Hellsinne ist leichter als gedacht. In unserer Kindheit haben diese Sinne ganz intuitiv funktioniert. Wir haben uns Geschichten ausgedacht und diese im Kopf mit unserer Fantasie nachgespielt. Wir haben Drachen und Einhörner gesehen, wo rein physisch keine waren, wir haben Feen singen hören und sind in magische Welten gereist, ohne unser Kinderzimmer verlassen zu müssen.

Die Hellsinne aktivieren

Ich zeige dir drei Trainingsmethoden, die jeweils neue Kraft und Energie in deine Hellsinne befördern und diese aktivieren.

- **Aktives Training der irdischen Sinne:** Eine wichtige Erkenntnis meines spirituellen Lernwegs war, dass unsere Hellsinne unmittelbar energetisch mit unseren irdischen Sinnen verflochten sind. Sie wirken sich aufeinander aus und heben sich gegenseitig wie ein professionelles Bergsteigerduo auf die nächste Stufe ihrer Stärke. Fördern wir die einen Sinne, so fördern wir die anderen Sinne. Schärfst du dein bewusstes Hören und Sehen, dein achtsames Schmecken und Fühlen, dann spürst du auch deutlicher die feinen Energien, die um dich herumwirbeln. Arbeitest du wiederum aktiv an deinem Hellsehen, so nimmst du in deiner »normalen« menschlichen Sicht viel mehr Details und Farben wahr. Setze dich also gerne in einer kleinen Alltagspause hin. Beobachte deine Umgebung. Lausche. Was siehst du erst auf den zweiten Blick? Welche Nuancen der Stille kannst du wahrnehmen? Welche verschiedenen Gerüche in deinem Garten unterscheiden?
- **Aktives Training der Hellsinne:** Ein Bodybuilder blickt im Fitnessstudio auf seinen Körper und wählt die Muskeln aus, die er aktiv trainieren möchte. Genauso kannst du ebenfalls deine Hellsinne trainieren – gezielt wie einen Muskel. Es gibt Übungen wie Sand am Meer und jeden Tag fallen mir neue Übungen ein. Du kannst fantastische Hörbücher anhören und sie dir vor deinem geistigen Auge vorstellen, um deine Hellsichtigkeit zu stärken. Du kannst Selbstgespräche im Kopf führen und deine Stimme bewusst durch dein Hellhören wahrneh-

men. Du kannst einfach deiner Fantasie freien Lauf lassen und in dir neue Zauberwelten entdecken. Sie dürfen bunt und verrückt sein, komplett realitätsfern. Verbinde dich mit deinem inneren Kind und lasse es nach Herzenslaune spielen und erschaffen.

- **Energetisierung der Hellsinne:** Profisportler gönnen sich nach einer intensiven Trainingseinheit oft eine Massage. Dadurch werden die Muskeln aufgelockert, die Durchblutung wird gefördert und durch die Berührung der Hände werden wir energetisiert. Gleiches hilft unseren Hellsinnen. Schicken wir heilsame Energie in unsere geistigen Übersetzungsorgane, verhelfen wir diesen auf die Frequenzebene der geistigen Welt. Sie werden durch unsere Energetisierung zu Magneten der Klarheit. Stelle dir einfach vor, wie ein helles, weißes, heilsames Licht von oben aus einem Lichtstrahl des Universums auf dich herabscheint und deinen gesamten Körper durchflutet. Spüre hinein, wie jede Zelle sich mit dieser Energie auffüllt und in Heilung und Liebe transformiert wird. Richte deine Aufmerksamkeit bewusst auf die Organe deiner Hellsinne und fühle ihre Vibration in der göttlichen Frequenz.

Alle Menschen können ihre Hellsinne wie Muskeln trainieren. Bei manchen Seelen hat sich jedoch eine Blockade eingeschlichen, die es ihnen zwar nicht unmöglich macht, ihre Hellsinne zu stärken, dies aber deutlich erschwert. Oft sind dies Seelen, die eine Hexenwunde im Herzen tragen. Eine Hexenwunde entsteht, wenn die Seele im Mittelalter als Hexe aufgrund der Anwendung ihrer Hellsinne verfolgt und verbrannt wurde. Allein in Europa wurde drei Millionen Hexen der Prozess gemacht. Viele dieser Hexen sind in der aktuellen Zeit neu inkarniert, um diese Wunde zu heilen. Die folgende Akasha Story erklärt dir, wie.

Die schützende Mauer

Kassandra schrieb mir eine E-Mail und bat mich um ein Akasha Chronik Reading. Sie war eine junge Frau Anfang 20 und begeistert von spiritueller Energiearbeit. Sie befolgte die Tipps und Übungen, die ich in meinem »Akasha Circle«-Newsletter regelmäßig verschickte. Sie merkte jedoch, dass es ihr unglaublich schwerfiel, in Kontakt mit der geistigen Welt zu treten. Es gab eine energetische Blockade, die sie in der Ausübung ihrer Hellsinne hemmte, das wusste sie genau. Ich fragte sie, ob sie eine Vermutung habe, woran dies liegen könnte. Sie erzählte mir, dass sie jedes Mal, wenn sie versuchte, intensiv die Stimme ihres Geistführers zu hören, vor einer inneren Mauer stand. Diese Mauer fühlte sich so schwer und alt an und so vertraut. Sie würde durch die Akasha Chronik gerne einen Blick hinter die Mauer erhaschen, ohne diese sofort niederreißen zu müssen.

Ich fragte nach und sah die Mauer deutlich vor mir, die Kassandra mir beschrieben hatte. Ein merkwürdiges Gefühl kam in mir auf, während ich die Mauer hellfühlend betrachtete. Sie fühlte sich nicht an wie eine typische Blockade. Dies war kein energetischer Stau, der sich gebildet hatte, kein Glaubenssatz, der sie von ihrem Potenzial abhielt. Diese Mauer fühlte sich an wie ein schützender Vater. Ihre Energie war warm und fürsorglich und trotzdem sehr mächtig und kraftvoll. Meine Engel erklärten mir, dass Kassandras Seele diese Mauer absichtlich errichtet hatte, um Kassandra zu schützen. Ich fragte sie, wovor die Mauer sie schützen solle, und wurde durch eine unsichtbare Kraft zärtlich in die Nähe der Mauer geschoben. Neugierig stellte ich mich auf die Zehenspitzen und blickte hinüber. Hinter ihren grauen Ziegelsteinen lag eine bunte Welt voller Liebe, Authentizität und Herzensfreude. Schmetterlinge flogen umher und funkelnde Lichtwirbel tanzten durch die Luft. Ich spürte in dieser Welt Kassandras Seelenenergie sehr deutlich. Auf der anderen Seite der

Mauer sah ich ihr geistiges Team, wie es auf sie wartete, um sie liebevoll in Empfang zu nehmen. Dieser Anblick machte mich glücklich und verwirrte mich gleichzeitig sehr. Warum wollte Kassandras Seele sie vor diesem Traumleben beschützen?

Die Akasha Chronik hörte meine Frage und schenkte mir die Antwort. Meine Hellsicht verdunkelte sich und ich fand mich in einem kleinen Dorf im Mittelalter wieder. Es herrschte dort Armut und es roch sehr streng. Mein Blick fiel auf eine junge Frau in einer blauen Schürze und mit offenem Haar. Sie schlich auf einem kleinen Hügel leicht abseits des Dorfgeschehens um ihr Haus herum und blickte regelmäßig verstohlen nach rechts und links, als hätte sie Angst davor, beobachtet zu werden. Sie pflückte schnell einige Kräuter und verschwand zugleich in ihrer kleinen bescheidenen Hütte. Das Dach, welches mit Stroh und Schilf bedeckt war, hatte einige undichte Stellen und es nieselte leicht hinein. Diese junge Frau war Kassandras frühere Inkarnation. Ich betrat die Hütte und staunte. Überall hingen dicke und dünne Kräuterbündel, die zum Trocken und späteren Räuchern aufgehängt wurden. Ich sah einige Glasflaschen mit Tinkturen und las ihre Etiketten: Salbei, Spitzwegerich, Eibisch, Mönchspfeffer. Diese Dame war eine Heilerin und Kräuterfrau oder wie sie damals bezeichnet wurde: eine Hexe. Sie war sehr begabt und hatte eine starke Verbindung zur geistigen Welt. Sie kommunizierte mit ihrer Geistführerin am liebsten in der Natur, weil ihr Kopf dort am klarsten war. Sie erzählte niemandem von ihren Gesprächen mit Gott und Engeln, mit Feen und Verstorbenen. Sie wusste genau, was ihr drohte, wenn sie ihre ketzerische Lebensweise preisgab. Sie war sich aber auch bewusst, dass sie anderen Menschen mit ihren Kräutern und ihrem Naturverständnis das Leben rettete. Dem Sohn des Müllers mit der Mittelohrentzündung, der kleinen Grete mit ihrem Fieber. Die Gerüchte auf den Straßen ihres kleinen Dorfs waren jedoch grausam. Täglich lauschte sie mit halbem Ohr den Erzählungen der Bauernfrauen über die Hinrichtung der Hexen in den Nachbardörfern und täglich wuchsen ihre Angst und ihre Distanz zu anderen Menschen. Einige Monate später stand sie selbst auf dem Scheiterhaufen. Eine tiefe Traurigkeit und Enttäuschung umgab sie. All die Menschen, denen sie geholfen hatte, blickten sie an wie eine Fremde, schlimmer noch: wie ein Monster. Schreiend hatten sie Kassandra aus ihrem Haus gezerrt und dieses danach in Flammen gesetzt. Sie blickte ihrem geliebten Zuhause wehmütig nach und die Flammen tanzten in der Reflexion ihrer Augen. Sie würde bald genauso brennen, dachte sie und fing an zu weinen. Doch auf dem Scheiterhaufen stehend hatte sie keine Tränen mehr übrig. Sie fühlte sich von der geistigen Welt verraten und sperrte die Kommunikation mit ihrem geistigen Team in diesen letzten Minuten ihres Lebens. Und in diesem Moment zog ihre Seele eine Mauer um ihr Herz. Eine Mauer, die sie vor den Reaktionen anderer beschützte und vor der Ausübung ihrer eigenen Hellsinne. Die Menschheit war noch nicht bereit, das wusste sie. Solange die Menschen ihre Köpfe und Herzen für die Wunder des Universums nicht öffneten, so lange sollten auch ihre Hellsinne ihr verschlossen bleiben. Nur so würde sie es schaffen, ihre künftigen Inkarnationen in Sicherheit zu verbringen. Sie brannte und das Feuer, das sie umschloss, schmiedete in seiner Glut die energetische Mauer.

Meine Engel führten mich wieder an Kassandras Mauer. Ich fragte, was sie tun könne, um ihre Hellsinne wieder zu aktivieren. Schließlich sei das Mittelalter nun viele Jahrhunderte her und ihre Seele sei sicher. Sie erzählten mir, dass mit der Errichtung der Mauer auch Kassandras Urvertrauen stark beschädigt wurde. Sie hatte sich im Moment ihres Todes sehr einsam und verlassen gefühlt, ohne zu wissen, dass sie sich diese Erfahrung vor ihrer Inkarnation selbst ausgesucht hatte, um an ihr zu wachsen. Doch auch sie war am Ende nur ein Mensch mit Gefühlen. Ein kleines unschuldiges Kind, das ungerecht behandelt wurde und einen Schuldigen benannte: die geistige Welt. Um wieder in ihre

Kraft zu finden, dürfe Kassandra daher zunächst an ihrem Urvertrauen arbeiten, das Vertrauen neu lernen. Sie solle eine Liste von Menschen anfertigen, die sie in ihrem aktuellen Leben inspirierten, weil diese authentisch die Verbindung zur geistigen Welt, zur Natur, zu ihrem wahren Selbst zelebrierten. So dürfe sie langsam wieder ins Vertrauen zurückfinden und erkennen, dass die Welt aufwachte. Immer mehr Menschen arbeiteten mit Engeln und Geistführern, mit Kräutern und Heilsteinen, ohne dafür verurteilt zu werden. Die Lichtarbeiter dieser Welt waren zahlreich und stark und auch die Kinder der neuen Zeit stärkten die Energien der Erde durch ihr Licht. Sie dürfe außerdem wieder in ihrem Tempo zu den Wurzeln ihrer Spiritualität zurückkehren, indem sie Zeit in der Natur verbrachte, sich mit Schamanismus und Tierenergetik, mit Kräuterkunde und Kräutermagie beschäftigte. Das moderne Hexentum mit seinen Bräuchen und Räucherwerken, mit der Krafttierarbeit und der Naturspiritualität würden ihr helfen, wieder aktiver mit dem Universum zu kommunizieren. Sie brauche sich vor moderner Hexerei nicht zu fürchten. Energiearbeit habe viele Ausprägungen. Affirmationen und Zaubersprüche seien sowieso nur zwei Seiten einer Münze und moderne Hexerei sei nichts anderes als Energie- und Ahnenarbeit. Außerdem dürfe sie ihr Wurzelchakra stärken, weil hier der energetische Schwerpunkt des Urvertrauens liege. Sie solle die Wurzeln der Bäume berühren und bestaunen, dann würde auch ihre Wurzel heilen. Der Hämatit als Heilstein helfe ihr dabei.

Kassandras Inkarnation ist kein Einzelfall. Wenn du ebenfalls eine Resonanz mit dem Hexentum verspürst, sei es in Form einer Wehmut, einer Trauer oder einer tiefen Urkraft in deiner Seele, liegt die Annahme nahe, dass du ebenfalls als Hexe inkarniert warst. Beschäftige dich in diesem Fall gerne mit Heilsteinen und Räucherwerken, mit weißer und grüner Magie. Wir dürfen authentisch sein und unser Licht strahlen lassen, mit all unseren individuellen Farben und ebenso individuellen Verbindungen zu

Gott, der Schöpfung, dem Universum und unserer Seele. Zwar verstehen noch nicht alle Menschen die Energien dieser Welt, da jede Seele ihr eigenes Wachstum und Tempo hat, doch wir sind auf einem guten Weg.

Akasha Übung: Chakrenwoche

Unsere Chakren sind die Energiezentren unseres Körpers. Sie helfen aktiv dabei, unsere Lebensenergie durch den Körper fließen zu lassen. Sie wirken sich auf unsere Organe aus und stehen mit ihnen in unmittelbarer energetischer Verbindung. Streben wir eine ganzheitliche Gesundheit an, dürfen wir uns regelmäßig den Zustand unserer Chakren ansehen. Falls du dich noch wenig oder nie mit der Chakrenlehre befasst hast, möchte ich dich hierzu von Herzen ermutigen. Sie gibt dir ein wundervolles Verständnis über die energetische Zusammensetzung deines Körpers und viele wertvolle Hinweise zur Förderung deiner Gesundheit. Möchtest du deine Seele besser kennenlernen und Energiearbeit nutzen, um gesund zu werden und zu bleiben, wirf einen Blick auf diese Energiezentren und vergleiche sie mit deinen aktuellen Wehwehchen. Regelmäßige Halsschmerzen? Stärke dein Halschakra. Frauenprobleme? Achte auf dein Sakralchakra. Auch wenn die Chakrenarbeit keine Komplettheilung garantiert, bringt sie die Energien wieder in Balance und stößt die körpereigene Selbstheilung dort an, wo sie gerade notwendig ist. In einem meiner jüngsten Akasha Chronik Readings bekam ich die Anweisung, meiner Kundin eine Chakrenwoche aufzuerlegen. Sie dürfe jeden der sieben Wochentage einem Chakra widmen und dieses aktiv stärken. So würde

sie nach dieser Woche frisch in ihrer Energie sein und diese in Balance gebracht werden. Da ich diese Übung – diese Wochenkur – grandios fand, teile ich sie mit dir.
Neben den sieben Hauptchakren gibt es noch viele weitere Energiezentren in unserem Geistkörper. In der folgenden Übungswoche fokussieren wir uns jedoch nur auf die essenzialen Chakren.

So geht die Übung:

1. Widme jedem Chakra einen Wochentag und integriere die unten stehenden Tipps und Übungen. Du wirst also jeden Tag deiner Woche intensiv an einem Chakra arbeiten.
2. Bevor du startest, nimm dir ein Blatt Papier oder ein Notizbuch und einen Stift. Notiere dir die Antworten auf die folgenden Fragen:

   Wie fühle ich mich körperlich und geistig gerade?
   Wo merke ich Staus, Anspannungen oder Schmerzen?

3. Starte dann deine Chakrenwoche und sei konsequent. Stelle dir einen Handywecker für die verschiedenen Übungen, damit du sie nicht vergisst. Diese Kur bringt wenig, wenn sie halbherzig gemacht wird.
4. Setze dich nach der Chakrenwoche am darauffolgenden Montag in der Früh hin und reflektiere abschließend über die folgenden Journalfragen:

   Wie fühle ich mich nun körperlich und geistig?
   Was hat sich in dieser Woche verändert?

Du wirst merken, wie viel ausgeglichener du dich fühlst. Diese Chakrenwoche kannst du regelmäßig durchführen, wenn du das Bedürfnis danach verspürst. Du kannst sie zweimal im Jahr machen, du kannst sie aber auch nutzen, um nach größerem Streit oder einschneidenden Ereignissen deine Energien wieder auf Vordermann zu bringen. Siehe diese Übung als kleine Gesamtsanierung deiner Energiezentren.

Deine Chakrenwoche

Ich habe für deine Chakrenwoche für jedes Chakra jeweils eine Übung und eine Aktivität herausgesucht, die dieses Chakra stärkt. Außerdem findest du auch eine Heilsteinliste, eine Rezeptidee und eine Affirmation, mit denen du deinen Chakrentag unterstützen kannst.

Montag – Wurzelchakra (Muladhara)

- **Übung:** Mache einen Waldspaziergang und sammle dort fünf Gegenstände, zum Beispiel ein schönes Blatt oder eine Eichel. Benenne für jeden Gegenstand eine Sache, für die du dankbar bist, und spüre intensiv hinein, wie dich diese Dankbarkeit erfüllt.
- **Heilsteine:** Roter Jaspis, Granat, Hämatit
- **Rezept:** Ein Eintopf mit Wurzelgemüse wie Karotten, Rote Bete und Kartoffeln
- **Affirmation:** *Ich bin sicher und fest verwurzelt. Ich vertraue darauf, dass das Leben mich unterstützt.*
- **Aktivität:** Tanze oder laufe barfuß umher, am besten auf einer Wiese oder im Wald.

Dienstag – Sakralchakra (Svadhisthana)

- **Übung:** Mache dir ein Lieblingslied aus deiner Jugend an und kreise deine Hüften und dein Becken während des gesamten Lieds.
- **Heilsteine:** Orangencalcit, Karneol, Tigerauge
- **Rezept:** Ein frisch gepresster Saft aus Orangen, Mango und Ananas
- **Affirmation:** *Ich erlaube meiner Kreativität und meinen Gefühlen zu fließen.*
- **Aktivität:** Kreatives Schreiben oder Malen, um deine künstlerische Energie zu fördern

Mittwoch – Solarplexuschakra (Manipura)

- **Übung:** Visualisiere ein gelbgoldenes Sonnenlicht, das auf deinen Solarplexus strahlt und dieses Chakra energetisiert. Spüre einige Minuten hinein, wie sich dieses Licht auf dein Chakra auswirkt und dich mit Motivation und Kraft erfüllt.
- **Heilsteine:** Citrin, Bernstein, Pyrit
- **Rezept:** Ein würziges, warmes Gericht mit Ingwer und Kurkuma
- **Affirmation:** *Ich bin stark und selbstbewusst. Meine innere Kraft erleuchtet die Welt.*
- **Aktivität:** Bauchmuskelübungen oder Kraftsport

Donnerstag – Herzchakra (Anahata)

- **Übung:** Mache eine kleine Kakaozeremonie. Kaufe dir hierfür gerne einen zeremoniellen Kakao oder einen hochwertigen normalen Kakao (ohne Zucker) und mische dir ein Herzensheißgetränk. Setze dich dann auf den Boden und spüre in dein Herz hinein, während du den Kakao trinkst. Du kannst dazu auch frei journalen und dir alles aufschreiben, was du gerade auf dem Herzen hast.
- **Heilsteine:** Rosenquarz, Aventurin, grüne Jade
- **Rezept:** Ein Salat mit grünem Blattgemüse, Avocado und Wildkräutern
- **Affirmation:** *Ich strahle bedingungslose Liebe aus und empfange sie in Fülle.*
- **Aktivität:** Nimm dir heute ganz bewusst Zeit für dich und ein längst vergessenes Herzenshobby.

Freitag – Halschakra (Vishuddha)

- **Übung:** Schreibe heute einen Tagebucheintrag oder einen Brief an dich selbst und berichte, wie es dir gerade geht. Schreibe über deine Gefühle und verschaffe ihnen durch das Schreiben ein Ventil.
- **Heilsteine:** Chalcedon, Aquamarin, Kyanit
- **Rezept:** Eine klare Suppe
- **Affirmation:** *Ich spreche meine Wahrheit klar und liebevoll aus. Meine Stimme hat Macht und Bedeutung.*
- **Aktivität:** Singe heute ganz bewusst zu Liedern oder Mantren, die dich glücklich machen und ein Freiheitsgefühl in dir auslösen.

Samstag – Stirnchakra oder drittes Auge (Ajna)

- **Übung:** Stelle dir eine lilafarbene oder dunkelblaue Lichtkugel vor, die vor deiner Stirn schwebt. Lasse diese Lichtkugel dann in deine Stirn hineinwandern, durch dein drittes Auge hindurch und dieses energetisieren. Sobald sie dein drittes Auge passiert hat, lasse sie danach auf gleichem Wege wieder zurückschweben, ebenfalls durch dein drittes Auge hindurch. Wiederhole diesen Vorgang einige Male und energetisiere so dein Stirnchakra aktiv.
- **Heilsteine:** Fluorit, Lapislazuli, Sodalith
- **Rezept:** Ein Smoothie mit schwarzen Johannisbeeren, rohem Kakaopulver, Mandelmilch und Honig
- **Affirmation:** *Ich vertraue meiner inneren Weisheit und meiner Intuition.*
- **Aktivität:** Tagträume und begib dich heute auf Fantasiereisen.

Sonntag – Kronenchakra (Sahasrara)

- **Übung:** Suche dir online eine begleitete Meditation aus, die dich mit der geistigen Welt verbindet, oder nutze meine Akasha Anleitung, um dich mit der Akasha Chronik zu verbinden.
- **Heilsteine:** Bergkristall, Amethyst, Selenit
- **Rezept:** Ein Lavendeltee mit Honig oder Agavendicksaft
- **Affirmation:** *Ich bin eins mit dem Universum.*
- **Aktivität:** Gönne dir eine Kopfmassage oder räuchere dein Kronenchakra aus, indem du mit dem Räuchermittel deiner Wahl (ich empfehle Salbei, Palo Santo oder hochwertigen Weihrauch) den Rauch circa 20 Zentimeter über deinem Scheitel verteilst und herumschwenkst.

Sehnsucht nach den Sternen

Was ist Sehnsucht? Für mich ist Sehnsucht ein schwer zu fassendes, schwer zu beschreibendes Gefühl, das sich aber unglaublich stark entfaltet, sobald man sich in seine Tiefe begibt. Manchmal ist sie lediglich ein Flüstern der Seele, der leise Wunsch nach etwas, das wir in unserem Inneren vermissen. An anderen Tagen ist Sehnsucht eine Flut, in der wir drohen zu ertrinken, weil sie uns durch Erinnerungen und Wünsche mitreißt. Wir sehnen uns nach Dingen, die wir nie hatten. Doch die wirklich schmerzhafte Sehnsucht ist das Sich-Sehnen nach etwas, von dem wir glauben, es verloren zu haben, und dessen Präsenz uns auch nach Jahren noch wie ein heimlicher Geist begleitet.
Wonach sehnen wir uns? Nach verlorenen Partnern, vergangenen Zeiten, versteckten Wünschen. Viele Lichtarbeiter, die aktuell auf der Erde inkarniert sind, sehnen sich nach ihrer Seelenheimat. Sie blicken hinauf in die Sterne und ihr Herz wird voll von Liebe und Wehmut. Liegt die Heimat einer Seele viele Lichtjahre oder Dimensionen entfernt, ist die Sehnsucht oft das ganze Leben lang präsent und zeigt sich auch durch körperliche Beschwerden. Während inkarnierte Engel sich oft auf der Erde sehr wohlfühlen, da sie diese in ihrer Engelsgestalt vor der Inkarnation nicht nur beobachtet, sondern auch aktiv an ihr mitgewirkt haben, fällt es Starseeds oft schwerer, sich in den irdischen Energien zurechtzufinden.

Einschlafprobleme

Anabel suchte meine Hilfe auf. Doch es war nicht die Sehnsucht nach fernen Planeten, die sie in der Akasha Chronik erfragen wollte, ihr Anliegen war viel menschlicher. Sie hatte große Schlafprobleme. Das Einschlafen fiel ihr schwer, sie wälzte sich

viele Stunden hin und her, ehe sie dann meist vor Erschöpfung einschlief. Doch der Schlaf war oft nicht sehr regenerierend, da der Einschlafprozess so kräftezehrend war. Sie lüftete viel, befasste sich mit Wasseradern und Feng Shui und fing an, vor dem Einschlafen zu meditieren, um einem Gedankenkarussell vorzubeugen. All diese Maßnahmen verbesserten ihren Schlaf an sich sehr, doch das schnelle und vor allem leichte Einschlafen gelang ihr trotzdem nicht. Ich fragte sie, ob diese Einschlafprobleme aufgrund ihrer veränderten Jobsituation angefangen hatten, doch sie erzählte mir, dass sie bereits als Kind immer wieder Schwierigkeiten hatte, gut einzuschlafen. Ihre Eltern saßen oftmals stundenlang an ihrem Bett, bis sie sich ins Schlummerland verabschiedete. Ich bat also die Akasha Chronik um Antworten. Sofort sah ich Anabel, wie sie sich mühsam in den Schlaf kämpfte. Spannend war, dass neben Anabels Bett in meiner Hellsicht eine Anzeige mit Prozentzahlen erschien. Diese zeigte mir an, zu wie viel Prozent sich Anabels Bewusstsein in der materiellen Welt und der geistigen Welt befand. Während ihres Alltags befand sie sich grundsätzlich zu 100 Prozent in der materiellen Welt. Dies schwankte manchmal, wenn sie tagträumte oder meditierte, doch grundsätzlich war ihr Bewusstsein hier auf der Erde. Mir wurde in der Akasha Chronik erklärt, dass dies auch wichtig sei und unser Wurzelchakra dies sicherstelle. Sonst würden wir uns in den Zwischenwelten verlieren, nie ganz, immer nur halb präsent sein. Im Schlaf allerdings sind die meisten Menschen lediglich zu 15 bis 20 Prozent im materiellen Bewusstsein und den Rest energetisch in der geistigen Welt. Das schwankt von Mensch zu Mensch, aber die geistige Welt dominiert im Schlaf unser Unterbewusstsein. So sah ich auch bei Anabel, dass sie sich im Schlaf – der übrigens sehr friedlich und ausgeglichen war und keinerlei Stressenergien zeigte – zu 85 Prozent in der geistigen Welt befand.
Woher kamen dann ihre Einschlafprobleme? Als direkte Antwort zeigte mir Anabels Seele in der Akasha Chronik die energetische

Ebene ihres Einschlafprozesses. Ich sah zwei große Energien, die gegeneinander ankämpften, und verstand zugleich den Ursprung ihres Problems. Ein großer Teil ihrer Seele sehnte sich nach ihrer Seelenheimat – den Plejaden. Dieser Teil der Seele wollte so schnell wie möglich einschlafen, nicht jedoch, um sich zu regenerieren oder zu träumen, sondern weil sie sich im Schlaf aufgrund der intensiven Verbindung zur geistigen Welt ihrer Heimat näher fühlte. Dieser Teil der Seele wusste auch, dass es für sie ohne Schwierigkeiten möglich wäre, im Schlaf zurück nach Hause zu kehren. Deshalb sterben viele Menschen im Schlaf, weil der Übergang energetisch leichter ist. Der andere große Teil ihrer Seele aber wollte auf der Erde bleiben, die Lernaufgaben weiterführen und die zahlreichen Wunder dieser Welt erkunden. Dieser Teil der Seele kämpfte daher Nacht für Nacht gegen den Wechsel vom Wachzustand in den Schlafzustand an. Er klammerte sich wie ein weinerliches Kind an die materiellen irdischen Energien, vor Angst, diese Welt im Schlaf zu verlassen. Dieser Streit zwischen den beiden Energien ihrer Seele ließ Anabel schlecht einschlafen. Sie wurde hin und her gezerrt, zwischen der Sehnsucht nach den Sternen und den noch unentdeckten Abenteuern dieser Erde.

Ich fragte nach, wie sie diesen Streit auflösen könnte, um künftig mit Leichtigkeit in den Schlaf zu finden. Ich erinnerte mich hellwissend an ein Sinnbild des kleinen, weinenden Mädchens, das sich verzweifelt an den Rockzipfel von Mutter Erde klammerte. Dieses Kind brauchte Vertrauen. Vertrauen auf der einen Seite, dass die Erde einen wunderschönen Erfahrungsschatz bereithalte, und Vertrauen auf der anderen Seite, dass die Verbindung zu ihrer Heimat niemals schwinden würde. Sie brauchte sich weder verkrampft an die Erde noch an die Plejaden zu klammern.

Die Wiederherstellung ihres Vertrauens war somit der Schlüssel zum Ende des Kampfes und zu einem erholsamen Schlaf. Hiermit würde sie beide Seiten ihrer Seele wieder in Balance bringen.

Sie dürfe zunächst lernen, sich wieder in ihr menschliches Leben zu verlieben. In die zauberhafte Natur der Erde und ihre Vielfalt. In all die Gefühle, die in ihr tobten, und die liebevollen Verbindungen zu anderen Menschen. Und in all die Wunder, die sie bereits kannte, und diejenigen, die noch auf sie warteten. Sie hatte sich die Inkarnation auf der Erde ausgesucht, um hier zu helfen, aber auch, um diese viel zu kurze Reise zu genießen. Sie würde am Ende wieder nach Hause finden, doch sie dürfe nicht vergessen, zu leben und im Hier und Jetzt glücklich zu sein. Ich bekam auch einige Übungen und Tipps, wie sie die Liebe zur Erde und Inkarnation stärken dürfe: Sie solle sich viel erden, dem Waldbaden nachgehen, sich Pflanzen ins Schlafzimmer stellen, Zirbenholz nutzen und vor dem Schlafengehen energetisiertes Wasser trinken. Auch Achtsamkeitsübungen und Glücksmomente mit lieben Menschen würden helfen, ihre Energie wieder in der Erde zu verankern und sich nicht mehr fremd in dieser Welt zu fühlen. Sie dürfe sich aber auch regelmäßig mit ihrer Seelenheimat, den Plejaden, verbinden. Sie war aus Sternenstaub geboren und würde immer ein Mitglied dieses Sternenvolks bleiben, egal, welche weite Reise sie antrat. Aus ihrem Sternenvolk dürfe sie Kraft schöpfen und sich bewusst werden, dass sie ihre Energie im Herzen trage und jederzeit eine starke Verbindung zu ihrer geistigen Familie besaß. Sie sei nie allein und dürfe lernen, dies auch am ganzen Körper und in ihrer Seele zu spüren. Der Aufbau des Vertrauens würde das Verlangen nach einer intensiven Verbindung im Schlafzustand verringern und den Streit ihrer Seele auflösen. Sie dürfe sich daher vermehrt mit den Plejaden beschäftigen, um so diesem Teil ihrer Seele genug Aufmerksamkeit zu schenken. Das Lesen von Büchern über dieses Sternenvolk, aber auch das Anhören von Traumreisen und Meditationen hierzu würden ihre Verbindung zur Heimat kräftigen.

Ich staunte, wie mächtig die Sehnsucht nach der Seelenheimat sein konnte. Auch ich spürte sie in raren Momenten meiner

Existenz, doch ich liebte die Erde als inkarnierter Engel so sehr, dass mich das Heimweh selten einholte. Meine Geistführerin erklärte mir anschließend noch, dass viele Menschen aus dieser Sehnsucht nach ihrer Heimat heraus eine unerklärliche Todessehnsucht verspüren. Auch chronischer Schwindel und Gleichgewichtsstörungen könnten, sofern keine medizinische und rein körperliche Ursache festgestellt wird, auf die fehlende Verbindung zur irdischen Inkarnation zurückgeführt werden. Es fehle dieser Seele dann der feste Boden und Halt unter den Füßen und sie befinde sich in einem energetischen Zwischenraum zwischen Himmel und Erde.

Dies ist deine Erinnerung daran, raus ins Leben zu gehen. Diese Inkarnation ist nur eine kurze Wegstrecke deiner Reise. Ein Zwischenhalt an einem fremden Bahnhof. Es lohnt sich, den sicheren Zug einfach mal mutig zu verlassen und die Umgebung zu erkunden. Wer weiß, welche wundersamen Erfahrungen dort auf dich warten.

Akasha Übung: Himmlisches Einschlafen

Ich liebe es, mit Engeln zu arbeiten. Ich glaube, es gibt keinen Menschen, der bereits mit Engeln gearbeitet und sich danach gedacht hat: »Finde ich doof.«

Engel sind wundervoll. Sie besitzen eine unglaublich starke Liebe zur Menschheit und zur Schöpfung auf dieser Erde. Es gibt unzählige Engel. Ohne vertieft in die Engelhierarchie einzusteigen, solltest du wissen, dass die meisten der Engel ausdrücklich für die Erde zuständig sind. Sie helfen vor Ort, schenken Unterstützung und Lösungen. Rund um die Uhr. Manchmal, wenn ich im Alltag unterwegs bin, erinnere ich mich daran, dass zum jetzigen Zeitpunkt Millionen von Engeln aus der geistigen Welt mit ihren Energien auf dieser Welt wirken, und das zaubert mir jedes Mal ein Lächeln ins Gesicht.

Ich habe sehr viele großartige Geschichten mit Engeln erlebt. Federn, die ich während einer schwierigen Phase in meinem Haar fand, Plakataufschriften mit der perfekten Botschaft zu meiner Situation, die ich im richtigen Zeitpunkt las und die zwei Stunden später nicht mehr da waren, und natürlich unzählige Engelszahlen. Eine meiner absoluten Lieblingsgeschichten ist für mich auch Jahre nach ihrem Geschehen noch verblüffend und magisch und diese möchte ich mit dir teilen.

Während meiner Promotion habe ich einige Jahre als wissenschaftliche Mitarbeiterin an einem juristischen Lehrstuhl gearbeitet. Wir fuhren damals ins zauberhafte Allgäu zu einer Seminarfahrt mit einer Gruppe von Studierenden. Ich war mit meinen Kollegen als Betreuerin dabei, das Wetter war herrlich und die Truppe gut gelaunt. Es wurde fleißig gearbeitet, Seminararbeiten wurden seitens der Studis vorgestellt und gemeinsam gekocht und gewandert. Am vorletzten Tag war eine feuchtfröhliche Feier angesagt. Einige der Kollegen veranstalteten in der Dunkelheit auf der Kuhweide direkt vor der Hütte ein Wettrennen. Und zack – rutschte meinem Arbeitskollegen die teure Brille von der Nase, ohne die er praktisch blind war.

Am frühen Morgen ging der Suchtrupp los und suchte über zwei Stunden nach der Brille im dichten, hohen Gras. Ich selbst hatte in dieser Zeit Küchendienst, wollte am Nachmittag aber ebenfalls noch mal auf die Weide gehen und mitsuchen. Zur Mittagszeit saßen alle Sucher resigniert am Tisch und aßen mit bedrücktem Gefühl ihre Käsespätzle, denn die Brille war schlank und unauffällig

und die Kuhweide war grenzenlos. Keiner der Wettläufer konnte sich richtig daran erinnern, wo genau die Brille verloren gegangen war. Es war ein Suchen nach der Nadel im Heuhaufen. In der halbstündigen Mittagsruhe verkrochen sich alle in ihre Zimmer und ich ging allein nach draußen auf die Weide. Ich hatte mich in den Wochen zuvor zum ersten Mal wirklich vertieft mit konkreter Engelarbeit beschäftigt und war dabei auf die Finde-Engel-Übung gestoßen. Sie war sehr einfach und funktionierte bei mir hervorragend mit kleinen Objekten wie Autoschlüsseln, Dokumenten oder der Fernbedienung.
Ich stellte mich für diese Übung einfach hin, schloss meine Augen und rief die Finde-Engel zu mir. Dann bat ich sie liebevoll darum, mir zu helfen, den gewünschten Gegenstand zu finden, und bedankte mich auch direkt. Meist fand ich meine verlorene Sache aufgrund eines intuitiven Handgriffs dann innerhalb weniger Minuten. Wichtig zu wissen: Diese Übung funktioniert dann, wenn du diesen Gegenstand auch finden sollst. Manchmal entscheidet sich deine Seele, einen Gegenstand verloren zu lassen, weil die Verlustsituation an sich eine wichtige Folge für dich auslöst. Aber meine Erfolgsquote bei dieser Übung liegt bei gefühlten soliden 85 Prozent.
Das wollte ich mit der Brille ausprobieren. Ich lief zielstrebig an den Rand der Kuhweide. Sie war wirklich groß. Einige Kühe grasten auf ihr und sie erstreckte sich über viele Meter. Das Gras war sehr dicht und mit Blumen bewachsen. Hätte mein Arbeitskollege einen knallpinken großen Gummiball verloren, wäre sein Auffinden für das bloße Auge ebenso schwierig gewesen. Aber ich hatte Vertrauen. Ich schloss meine Augen und bat die Finde-Engel um Hilfe. Dann öffnete ich meine Augen wieder und marschierte einfach mitten in die Wiese hinein. Ich erinnere

mich noch genau an das Gefühl, das ich hatte – eine sanfte Trance, als würde mich jemand von hinten leicht, aber kraftvoll in eine ganz bestimmte Richtung führen. Dann blieb ich augenblicklich stehen und blickte an meinen Beinen herab.

Dort, wirklich direkt neben meinem linken Fuß, lag die Brille. Wäre ich einen Schritt weitergelaufen, hätte ich sie zertreten. Aber ich bin genau so stehen geblieben, dass sich die Brille fast schon liebevoll an meinen Fuß schmiegte. Ich hob sie auf und grinste wie ein Honigkuchenpferd. Mein Herz drohte in diesem Moment zu explodieren, denn es war bis zum Rande gefüllt mit der göttlichen Liebe meiner Engel. Dieser Schlüsselmoment bildet heute noch einen großen Baustein meines Vertrauensfundaments. Als ich die Brille in der Hand hielt und die Sonne mich anlachte, wusste ich, dass das Leben mich trägt. Dass meine geistigen Helfer mich sehen und mich führen. Meine ganze Seele strahlte und war erfüllt von Liebe und Glück. Freudestrahlend rannte ich zu meinem Arbeitskollegen, der seinen Augen nicht trauen konnte. Das war ein guter Tag.

Die Engel helfen mir auch regelmäßig, meine Kinder ins Bett zu bringen. Ich bin Mama zweier sehr lebhafter Burschen, die viel Auslauf brauchen und mir daher abends auch bereits bei gelöschtem Licht zahlreiche Fantasiegeschichten erzählen. Da ich zu diesem Zeitpunkt meist selbst hundemüde bin, bitte ich die Engel, uns allen mit ihren Schlafliedern beim Einschlafen zu helfen. Es dauert meist wenige Minuten und das gesamte Schlafzimmer ist in eine sanfte, fliederfarbene Schlafenergie gehüllt. Diese Übung ist auch wundervoll, wenn jemand wegen Hustens, Fieber oder Gedankenkarussell schlecht (ein)schläft.

So geht die Übung:

1. Lege dich zum Einschlafen hin. Achte darauf, wirklich einschlafbereit zu sein.
2. Suche dir deine Lieblingsposition zum Einschlafen und schließe sanft deine Augen. Atme einige Male tief durch die Nase ein und durch den Mund wieder aus. Beobachte, wie langsam eine Ruhe in dir einkehrt und dein Atem ebenmäßiger wird.
3. Stelle dir vor, wie drei Engel über dir schweben. Diese drei Engel halten sich dreiecksförmig gegenseitig an den Händen und du liegst unter ihnen in ihrer Mitte. Sie singen dir ein sanftes Schlaflied. Es ist liebevoll und angenehm und du spürst, wie es dich direkt in eine entspannte Energie hüllt, die weiß und/oder fliederfarben (je nach Gefühl und Bedarf) ist.
4. Die Energie des Schlaflieds umhüllt dich wie ein sanfter, warmer Nebel. Du weißt, dass deine Engel dich und deine Träume behüten. Du bist in ihrer Mitte und sie wachen über deinen Schlaf.
5. Lasse diese Energien auf dich wirken und spüre, wie du immer müder wirst.

Variante für Kinder:

1. Lege dich mit deinem Kind gemeinsam ins Bett und kuschele gerne mit ihm.
2. Stelle dir dann vor, wie du mit zwei weiteren Engeln über deinem Kind wachst. Du hältst wie in der Grundversion dieser Übung die beiden Engel an der Hand und ihr bildet gemeinsam ein Dreieck. Ihr schwebt leicht über deinem Kind.

3. Gemeinsam singt ihr deinem Kind ein Schlaflied. Du kannst dieses Lied deinem Kind auch laut vorsingen und dir vorstellen, wie dich die Engel beim Gesang mit ihren Stimmen unterstützen. Euer liebevolles Schlaflied hüllt dein Kind in eine weiße oder fliederfarbene sanfte Energie und hilft ihm so, besser einzuschlafen.

Du brauchst dich nicht während der Übung bei deinen Engeln zu bedanken – das würde dich zu sehr aus dem Energiefluss bringen, da du deine Gedanken aktiv wieder einschalten würdest. Keine Sorge, dies ist deinen Engeln bewusst. Du kannst dich im Vorfeld oder am Morgen danach liebevoll bei deinen Engeln bedanken oder am darauffolgenden Abend, ehe du die Übung wiederholst. Sie wissen, dass wir dankbar sind, freuen sich aber sehr, wenn wir ihre Hilfe anerkennen und ihnen ein Gefühl der Wertschätzung entgegenbringen.

Zum Thema Dankbarkeit gegenüber Engeln: Ich werde immer wieder gefragt, was wir den Engeln eigentlich als Gegenleistung für all die Hilfe und Unterstützung geben dürfen. Viele Menschen haben ein schlechtes Gewissen, regelmäßig die Engel um Hilfe und Rat zu bitten und ihnen selbst nichts »zurückzugeben«. Du darfst wissen, dass Engel pure Lichtwesen sind und ihre Energie reine Liebe ist. Sie bestehen aus Liebe, sie geben Liebe und sie empfangen Liebe. Wenn wir uns bei ihnen bedanken und vor allem wenn wir anderen Menschen Liebe entgegenbringen, freuen sie sich am meisten. Sie wissen nämlich, dass Liebe ansteckend ist. Sie helfen und unterstützen uns ja genau aus diesem Grund: nicht nur, um uns in unserem individuellen Leben glücklich zu machen, sondern um uns zu inspirieren, auch anderen Menschen Liebe zu schenken und das Leben dieser Menschen zu erfüllen. Nur so steigern wir die Frequenzen unserer Erde gemeinsam und kommen dem Aufstieg in die neuen Dimensionen näher. Unsere Engel sind unsere Liebeszünder. Das Schönste, was wir tun können, ist, ihre Liebe durch unsere Taten weiterzugeben.

Der Aufstieg der Erde

Die Welt ist im Wandel – und zwar seit Anbeginn ihrer Zeit. Aktuell erleben wir eine Epoche der Transformation und Seelenfindung. Seit einigen Jahren hinterfragen immer mehr Menschen nicht nur den Sinn ihres Daseins, sondern auch ihr Ausmaß an Glück. Macht mich mein Job glücklich? Ist meine aktuelle Beziehung für mich richtig? Wer bin ich überhaupt und wie stärke ich den inneren Kern meines Lichts, damit ich sein Leuchten endlich sehen kann? Ich arbeite schon viele Jahre als Medium und mir fällt eine Sache aktuell stark auf. Vor fünf bis zehn Jahren noch lautete die Devise vieler spiritueller Lehrer und Coaches: Erfinde dich neu. Lasse alles hinter dir, werde ein ganz neuer Mensch und bastle dir dein Traumleben aus dem Nichts heraus zusammen. Lasse deine Vergangenheit hinter dir, wandere aus, entfremde dich von allem, was du bisher warst. Es klingt so einfach – vor allem, wenn man unglücklich ist und am liebsten sein Leben oder seine aktuelle Lebensphase wie ein leeres Blatt Papier neu schreiben würde.

Die atemberaubenden kosmischen Energieströme der letzten Jahre jedoch haben uns gezeigt, wie viel Weisheit in unserer Vergangenheit und den bisherigen Erfahrungen liegt. Wir wachsen nicht nur mit unseren Jahren, wir verändern uns und ergänzen unsere Energien. Wir lernen durch Erfahrungen neue Facetten und nuancierte Aspekte unseres Charakters, aber auch der Welt näher kennen. Wir sehen unsere Welt mit jedem Sonnenaufgang ein bisschen anders, ein bisschen deutlicher als am Abend zuvor. Unsere Seele strebt danach, sich endlich so zu zeigen, wie sie ist, und es findet ein schrecklich schöner Prozess in uns statt, der uns mit jeder Sekunde näher zu uns selbst bringt. Wir verändern uns, weil auch die Welt sich energetisch verändert. Und die Welt verändert sich, weil wir es stetig tun. Ein wundervolles Wechselspiel, fast schon ein Paradoxon der Transformation.

Die Energien der Erde, die immer hochfrequenter werden, helfen uns dabei, in unsere Seelenauthentizität zu finden. Die Erde steigt auf und wir mit ihr. Doch wie genau hat die Erde sich in den letzten Jahrtausenden verändert? Wie war ihre energetische Struktur und wie ihre Auswirkung auf die Menschen? Wenn du eine Weisheit aus diesen Buchzeilen mitnehmen darfst, dann ist das diese: Deine Vergangenheit ist wichtig. Trage ihr Wissen, nicht ihre Last in deine Zukunft, dann wirst du dich und deine Entscheidungen besser verstehen. Auch die Vergangenheit der Erde ist für alle Menschen dieser aktuellen Inkarnation immens wichtig. Diese letzte Akasha Story zeigt dir, wieso.

Marens psychische Probleme

Eines Tages meldete sich eine gute Freundin bei mir und erzählte mir von ihrer Cousine Maren. Maren litt seit vielen Jahren unter leichten psychischen Problemen und hatte eine Tendenz in Richtung Magersucht. Sie war eine hübsche Frau mit langem Haar und Außenstehende beneideten sie um ihr Aussehen. Sie hatte eine liebevolle Familie, eine schöne Kindheit und trotzdem hatte sie schon lange das Gefühl, nicht schön genug zu sein. Weder für ihren langjährigen Partner noch für sich selbst. Maren bat mich um ein Reading, weil sie einfach verstehen wollte, woher dieses Gefühl kam, das seit ihrer Jugend an ihr nagte. Sie war bereits durch Selbstliebe-Bücher und einen Gruppenkurs für Frauen

auf einem guten Weg zur Gesundheit, doch an den Ursprung ihres psychischen Problems kam sie nicht heran.
Ich betrat die himmlischen Sphären der Akasha Chronik und wurde zunächst von meiner Geistführerin begrüßt. Sie nahm mich an die Hand und führte mich an eine alte kleine Holztür, die ein bisschen einsam mitten in den Wolken schwebte. Ich öffnete sie und trat hindurch. Das Erste, das ich wahrnahm, war lautes Hühnergeschnatter. Die Tür hatte mich ins Mittelalter geführt und viele Hühner liefen aufgeregt auf und ab. Ich stand mitten auf der Hauptstraße, die zum Markt führte, und nahm mir Zeit, meine Umgebung wahrzunehmen.
Wenn ich in der Akasha Chronik in eine frühere Inkarnation reise, sehe ich nicht immer sofort alle Details. Es ist vielmehr so, als würde jemand die Umgebung um mich herum Pinselstrich für Pinselstrich malen, sobald ich mich auf sie fokussierte und sie mit meinen Hellsinnen wahrnehme. Ich blickte nach oben. Es war sonnig und der Himmel war klar. Doch ich spürte sofort, es war kein schöner Tag. Ich lief einige Schritte auf den Marktplatz zu und sah, wie sich die Leichen auf den Straßen stapelten. Menschen eilten in den Schutz ihrer Häuser, Kinder weinten: Der schwarze Tod war ausgebrochen. Ich selbst war nie im Mittelalter inkarniert. Meine erste Inkarnation hier auf der Erde fand in der Neuzeit, Mitte des 16. Jahrhunderts statt, kurz nach dem Mittelalter. Doch für viele Menschen war diese besondere Zeit der Beginn ihrer irdischen Inkarnation, vor allem für Seelen, die neu auf die Erde kamen.

Die Entwicklung der Erde

»Seelen, die neu auf die Erde kamen?«, fragte ich meine Geistführerin, deren Stimme ich immer noch wahrnehmen konnte. »Es gab doch bereits Menschen auf der Erde lange vor dem Mit-

telalter.« Da gewährte mir Lady Nada einen kleinen Exkurs zur Entwicklung der Erde und ihrer Bewohner:
Ich habe mich oft gefragt, wie die moderne Naturwissenschaft und Spiritualität in Einklang gebracht werden können, wenn es um die Evolution und den Urknall geht. Wie ich zu Anfang des Buches erklärte, besitzt jede Seele eine Heimat. Eine Heimat, die sie sich ausgewählt hat. So startete das Dasein der Erde mit dem Urknall, einer göttlichen Energie, die kontrolliert unsere wundervolle Erde erschuf. Dieser blaue Planet wurde dann von vielen Seelen als Heimat erkoren und diese Seelen machten sich auf den Weg, den Planeten mit ihrer Energie zu befruchten. Diese ursprünglichen Erdseelen inkarnierten nicht als Menschen, sondern machten den gesamten Prozess der Evolution mit: Sie starteten als kleine Bakterien, als Steine und Formationen und ich sah die Evolution aus energetischer Sicht. Es war so zauberhaft. Die Erdseelen sprangen von einer Stufe der Evolution zur nächsten. Sie huschten in kleine Bakterien und schenkten diesen durch ihr Seelenlicht Leben. Sie energetisierten diese Bakterien, sodass sie sich entwickeln konnten, und sprangen zum nächsten Wesen, das sie mit ihrem Licht befruchten wollten. Sie inkarnierten also innerhalb kürzester Zeit viele Male, weshalb bei einigen Menschen, wenn sie nach ihren Inkarnationen fragen, sechsstellige Zahlen erscheinen, während man die Inkarnationen anderer (inklusive meiner) an zwei Händen abzählen konnte. Vom Einzeller zum Mehrzeller, vom Stein zur Pflanze, zum Tier, zum Affen, zum Menschen. Diese ursprünglichen Erdseelen, die sich die Erde als Heimat ausgesucht hatten, waren maßgeblich für die Evolution und die Erschaffung des Menschen verantwortlich. Durch das Licht und die Schöpferkraft ihrer Seele verhalfen sie den Wesen dieser Welt, sich zu entwickeln und zu wachsen. Als dann der erste Mensch geboren war, inkarnierten diese Erdseelen zum ersten Mal mit der Fähigkeit, zu vergessen, um das Leben auf der Erde und die Gefühle und Eindrücke richtig aufnehmen zu können.

Dann begannen auch andere Seelen aus dem Universum, für begrenzte Inkarnationen auf die Erde zu reisen.
Doch der richtige Seelenansturm auf die Erde begann im Mittelalter. Viele der ursprünglichen Erdseelen verabschiedeten sich auch in diesem Zeitraum, da ihre Arbeit – das Wachstum des Menschen – vollendet war und sie anderen Seelen, die zum Lernen auf die Erde kamen, Platz einräumen wollten. Andere Erdseelen, die noch bleiben wollten, waren oftmals Hexen oder Kräuterfrauen in diesen Zeiten, da sie aufgrund ihrer Seelenerfahrung bereits eine starke Anbindung an die geistige Welt und diese Erde hatten.
Die Zeit des Mittelalters war deshalb so attraktiv für viele neue Seelen, weil sie sehr viel Wachstum in kurzer Zeit bot. Es war der perfekte Einstieg für eine ganzheitliche Lern- und Heilerfahrung, die jedoch viele Inkarnationen dauern würde. Seelen entschieden sich zu inkarnieren, um ihre Fähigkeiten zu vertiefen und von Grund auf neu zu entdecken und die Erde zu einem hochfrequenten Planeten zu wandeln. Der Prozess des Vergessens und der menschlichen Verletzlichkeit war hierbei sehr wichtig. Die Seele ist unsterblich und voller Liebe. Doch die Erde hat aufgrund ihrer unterschiedlichen Emotionen und Frequenzen die Kraft, sowohl die guten als auch die schlechten Seiten eines inkarnierten Menschen hervorzulocken. Inkarniert eine Seele mit Allwissen, kann sie sich in Versuchung sehen, aufgrund der irdischen niedrigen Frequenzen, denen sie zum ersten Mal in ihrer Seelenexistenz ausgesetzt wird, dieses Wissen für Macht und Unterdrückung, für Übermut und Egoismus zu nutzen. Dieses Problem kennen wir aus anderen Zivilisationen und Zeiten wie Atlantis und der Mayakultur. Deshalb vergessen wir, wenn wir inkarnieren. Um uns Demut, Liebe und Dankbarkeit zu erarbeiten. Um im Kleinen zu starten und das Kleine zu schätzen. Das funktioniert am besten, wenn jeder Mensch in Verletzlichkeit startet, um im Laufe seines Lebens zu lernen und zu heilen.

Wie geschieht Heilung? Nicht von heute auf morgen und nicht linear. Heilung geschieht in Schichten. Wir starten unsere Heilreise bei den sichtbaren Problemfeldern und arbeiten uns Schicht für Schicht tiefer ins Unsichtbare hinein. Das Mittelalter war geprägt von körperlichem Leid. Pest, Lepra und andere Seuchen standen für viele Menschen an der Tagesordnung. Eine große Lernaufgabe vieler Seelen war es damals, die Grundbausteine ihres, wenn auch kurzen, Lebensglücks, zu schätzen. Wenn der Tod an jeder Ecke wütete, schätzte man das wenige, das man selbst hatte. Man übte sich in Demut und Dankbarkeit für das Aufwachen an einem neuen Morgen. Natürlich schafften nicht alle diese Erkenntnis: Sehr viele Menschen verloren sich in der Angst und suchten in den Hexen und anderen Menschen engstirnig die Ursache für ihr Leiden. Doch diejenigen, deren Frequenz sich durch das Lernen ihrer Aufgaben erhöhte, erhöhten auch die Frequenz der Erde, sodass das Mittelalter irgendwann aufgrund des kollektiven Wachstums endete. Das große physische Leid wurde über viele Jahrhunderte hinein kollektiv Schicht für Schicht geheilt.

Mit dem Start der Aufklärung begann der nächste große Abschnitt: die Heilung des psychischen Leids. Nun befinden wir uns mitten in der Moderne. Die psychische Gesundheit ist salonfähig geworden und wird von vielen Seiten angestoßen: die Arbeit mit dem inneren Kind und der eigenen Selbstliebe, das Sprechen über Gefühle und unterschiedlichste Therapiemöglichkeiten. Wir beginnen, unsere Seele in den Alltag zu integrieren und authentisch zu sein. Wir nähern uns den energetischen Ursprüngen unserer Seele an; nicht durch ein hedonistisches Leben, sondern durch das Stellen der richtigen Fragen. Wir setzen uns mit unseren Werten auseinander, den Gaben und dem Licht, mit dem jeder von uns diese Welt auf seine eigene Art und Weise erhellt. Das Kollektiv steht wieder, wie auch damals nach dem Mittelalter, vor einem energetischen Durchbruch und dem nächsten großen Heilungsschritt. Dieser führt dann zum kollektiven Aufstieg in die nächste Dimension.

Marens ganzheitliche Heilung

Marens psychische Probleme waren in dieser Inkarnation der letzte Schritt ihrer ganzheitlichen Heilung. Die erste Inkarnation im Mittelalter hatte sie stark getroffen. Sie war wie viele andere Seelen aus der direkten Liebe des Universums in eine Zeit inkarniert, die sehr niedrigfrequent war. Ein energetischer Schock entstand, als würde man aus der prallen Sommersonne ins eiskalte Wasser springen. Dann war sie an Lepra erkrankt und wurde von vielen Menschen angesehen wie der Tod selbst. Sie fühlte sich hässlich und ungeliebt, sie lernte jedoch auch, die wenigen Menschen in ihrem Leben, die ihr trotz Krankheit zur Seite standen – ihre Mutter und ihren kleinen Bruder – zu schätzen und zu lieben. Zum Zeitpunkt ihres Todes war sie dankbar für die Liebe, die sie in diesem Leben empfangen hatte. Im Laufe ihrer Inkarnationen arbeitete sie sich durch viele verschiedene Schichten ihrer Heilung. Diese weiteren Inkarnationen sah ich in der Akasha Chronik nicht, aber ich spürte, wie ihre Seele nach und nach immer stärker leuchtete. Nun stand sie am Ende ihrer Heilreise und durfte die letzten Meter gehen. Das milde, aber durchgängige psychische Leid dürfe sie in dieser Inkarnation gänzlich ablegen und in ihre Selbstliebe und Seelenakzeptanz finden. Sie war hierfür auf dem goldrichtigen Weg und es brauchte nicht mehr viel und nicht mehr lange. Maren weinte, als ich ihr diese Botschaften überbrachte. Sie hatte das Gefühl, endlich verstanden zu haben, und die Erklärungen resonierten deutlich mit ihr. Sie spürte zum ersten Mal nach langer Zeit wieder ein starkes Urvertrauen in die Welt und inneren Frieden. Sie freute sich, endlich heilen zu dürfen.

Dieses Reading gehört ebenfalls zu meinen Lieblingsreadings und ich bin sehr dankbar dafür, einen Einblick in diesen Teil des Weltwissens erhascht haben zu dürfen. Obwohl das Reading voller wertvoller Erkenntnisse war, so verbinde ich es nur mit einer Wahrheit: Jeder kleine Heilschritt, den wir gehen, hat eine große, positive Auswirkung auf die Kollektivenergie. Es gibt noch viel Leid auf der Welt, doch wir tragen zur Gesamtheilung bei. Jeden Tag, Schicht für Schicht.

Akasha Übung: Stärkung der Aura

Bestimmt ist dir schon einmal ein Mensch begegnet, der eine schöne Ausstrahlung hatte. Wie hast du diese Person wahrgenommen? Vielleicht dachtest du dir in diesem Moment, dass sie dir sehr sympathisch ist, obwohl du sie gar nicht kanntest. Vielleicht hat diese Person einen Raum betreten und sofort deine Aufmerksamkeit auf sich gezogen, du konntest gar nicht wegsehen. Vielleicht hast du direkt das Gefühl verspürt, dass du dieser Person vertrauen kannst.

Im Volksmund sagt man auch, eine Person habe eine ganz besondere Aura. Doch was genau ist die Aura energetisch? Dazu gibt es viele verschiedene Meinungen. Das liegt daran, dass wir als Medien selten die ganze Wahrheit empfangen, sondern immer nur den Teil des Kuchens, der jetzt für uns wichtig ist. Je mehr Readings ich gebe, desto mehr bin ich der Überzeugung, dass ich eigentlich gar nichts weiß. Nicht, weil ich mich in meinen Channelings irre, sondern weil die Wahrheit einfach sehr groß und komplex ist. Deshalb würde ich niemanden beschuldigen, etwas »Falsches« gechannelt zu haben. Vielmehr sieht diese Person einfach einen anderen Aspekt, eine andere Seite der Wahrheit. Fest steht bei der Aura – hier sind sich alle einig –, dass sie zum Energiekörper des Menschen gehört. Laut meinen Channelings ist sie der äußerste Teil dieses Energiekörpers.

Alle Menschen nehmen die Aura ihrer Mitmenschen wahr – die einen bewusst, die anderen unterbewusst. Eine gesunde Aura umgibt die Person wie ein Licht in vielen Farben. Sie wirkt warm und einladend, authentisch und auf eine sanfte Art und Weise selbstbewusst. Ist unsere Aura gesund, schwingen wir höher und wirken auf andere Menschen lebendiger. Außerdem fällt es uns leichter, richtig zu manifestieren, denn eine gesunde Aura ist nicht nur schön, sie ist magnetisch. Eine kranke Aura sehe ich in der Akasha Chronik immer in ungesättigten Farben und Grautönen sowie mit poröser Oberfläche. Menschen, die viele Löcher in ihrer Aura besitzen, zum Beispiel aufgrund fehlender Selbstliebe und Lebenskraft oder zu vielen negativen Grundemotionen, fällt es schwerer, in hoffnungsvolle Gedankensphären zu gelangen und somit auch schöne Dinge in ihr Leben zu ziehen.

Wenn du deine Hellsinne regelmäßig stärkst und an deinen Frequenzen arbeitest, lernst du irgendwann die Aura eines Menschen zu spüren oder gar zu sehen. Doch selbst wenn du aktuell diese Fähigkeit noch nicht erlernt hast, lohnt es sich trotzdem, die eigene Aura zu energetisieren. Wir haben es alle selbst in der Hand, unsere Aura zu heilen und zu stärken. Manchmal ist es leichter, manchmal schwerer. Bei der Auratherapie gibt es zwei Angriffspunkte, wenn wir mit der Stärkung starten möchten. Wir können unsere Aura zunächst von innen heraus stärken. Unser Seelenlicht stellt den Kern unseres Energiekörpers dar. Je heller unser Seelenlicht scheint, desto heller strahlt auch unsere Aura. Der Kern unseres Energiekörpers hängt somit symbiotisch mit seiner Hülle zusammen; unsere Aura spiegelt daher unsere Seele wider. Stärken wir die Verbindung zu unserer Seele, so leuchtet unser Seelenlicht heller und ebenso unsere Aura. Eine mögliche Porosität der Aura wird durch unser Seelenlicht wie löchrige Socken gestopft und beginnt, zu heilen. Um die Aura zu heilen, dürfen wir uns also mit unseren Traumata befassen, unseren Glaubenssätzen, unserem inneren Kind, unserer Selbstliebe und Vergebung, um diesem wundervollen Licht zu helfen. Auch wenn das jetzt nach viel klingt – jeder kleine Schritt heilt bereits deine Aura. Zusätzlich zur Heilung von innen kannst du deine Aura von außen durch Licht- und Farbtherapien, durch regelmäßige Chakrenarbeit, durch viel natürliches Sonnenlicht und weniger künstliches LED-Licht unterstützen.

Die folgende Übung hilft dir ebenfalls, die Energie deiner Aura und deines Gemüts zu verändern. Ich liebe diese Übung und wende sie regelmäßig an, wenn ich getriggert wurde oder wütend bin. Du wirst während der Übung direkt spüren, wie sich dein gesamtes Energiefeld verändert – es ist magisch!

Eines Abends vor vielen Monaten lag ich wütend im Bett. Ich weiß nicht mehr, weswegen. Jeder Mensch hat durch bestimmte Außeneinflüsse wie Telefonate mit den Eltern, Gespräche mit dem Chef, unüberlegte Worte des Partners manchmal einfach schlechte Laune, und so ging es mir an diesem Abend. Ich hatte genug und war pampig. Ich lag auf dem Rücken und spürte meine Energie wie einen schmutzigen Mantel um mich herum, der mich demotivierte und wie eine Last auf mir lag. Ich mochte es nicht, mich so zu fühlen, und beschloss in diesem Moment, diese Energie zu ändern. Das war nicht leicht, denn wenn man sich so richtig in das Gefühl der schlechten Laune hineinbegibt, dann kommt man allein nicht so schnell wieder raus. Es fühlte sich an, als würde ich durch einen zähen Schleim waten, bis ich die Motivation und Kraft verspürte, den ersten Schritt der Übung zu wagen. Diese Übung erfolgt in vielen kleinen Etappen und Schritten, und mit jedem Schritt wird sie leichter und angenehmer. Ich spürte, wie nach und nach eine gigantische Welle der Leichtigkeit in mir aufkam, und am Ende der Übung rollten Tränen der Dankbarkeit über meine Wangen. Die dichte Energie, durch die ich mich vor einigen Minuten noch durchgekämpft hatte, war aufgelöst. Ich fühlte mich wieder wie ich und sah, wie die Farben meiner Aura erstrahlt waren.

So geht die Übung:

1. Suche dir zunächst einen Ort und eine Position aus, in der du für dich bist und in Stille sein kannst.
2. Spüre dann in deinen Körper hinein. Wie fühlst du dich gerade? Wie motiviert bist du? Die Wahrscheinlichkeit ist groß, dass du auf diese Übung keine Lust hast – und genau dann ist sie für dich genau richtig. Nimm bewusst wahr, dass es dir gerade nicht gut geht und deine Energie sich nicht angenehm anfühlt. Vielleicht empfindest du deine Aura gräulich oder in ungesättigten Farben. Dies wirst du gleich aus eigener Kraft ändern.
3. Atme tief durch die Nase ein und durch den Mund langsam wieder aus. Wiederhole diese Atmung noch zwei Mal.
4. Spüre dann in deine Körpermitte hinein und lokali-

siere dein Seelenlicht. Dieses liegt energetisch meist zwischen deinem Herzen und deinem Solarplexus. Vielleicht hast du das Gefühl, es strahlt gerade aufgrund deiner Laune nicht so hell. Das ist vollkommen in Ordnung. Fokussiere dich nun auf dieses Seelenlicht, egal, wie groß es ist.

5. Nun transformierst du Schicht für Schicht deinen Energiekörper von innen nach außen. Spüre in dein Seelenlicht hinein und konzentriere dich auf dieses Licht. Suche dir eine Sache aus, für die du dankbar bist. Das kann die Gesundheit deiner Kinder sein, deine Beziehung zu deinem Partner, egal was. Nimm das Größte und Einfachste, das dir einfällt, um diesen ersten und schwierigsten Schritt der Transformation zu starten. Spüre in diese Dankbarkeit hinein und weite gleichzeitig dein Seelenlicht aus. Lasse es heller strahlen, sodass es die ersten inneren Schichten deines Energiekörpers erleuchtet. Du siehst, wie diese inneren Schichten an Farbe gewinnen, auch wenn die äußeren Schichten noch grau sind. Spüre diesen Farben nach und merke, wie sich deine Energie ein kleines bisschen leichter anfühlt.
6. Suche dir nun eine weitere Sache aus, für die du dankbar bist, und lasse dein Seelenlicht noch heller strahlen und noch mehr Schichten von innen nach außen erleuchten. Du spürst, wie langsam die Farben in dir wiederkehren. Gehe so Schritt für Schritt und Dankbarkeit für Dankbarkeit von innen nach außen alle Schichten deines Energiekörpers durch und lasse bei jedem Schritt dein inneres Licht ein bisschen heller und weiter strahlen. Gestalte diese Übung ganz in deinem eigenen Tempo. Ich selbst habe mir viel Zeit dafür genommen, sanft und langsam die Farben im-

mer kräftiger werden zu lassen. Vergiss nicht, nach jedem Erweitern in die aktuellen Farben hineinzufühlen. Weite dein Licht so weit aus, bis du zur äußersten Schicht deines Energiekörpers – also deiner Aura – gekommen bist.

7. Nun sollte deine gesamte Energie wieder farbenfroh sein. Spüre, wie leicht du dich fühlst, wie dankbar du bist. Du hast deine Energie von Grund auf durch deine eigene Kraft transformiert. Du bist der Schöpfer deines Lebens.
8. Nimm dir nach der Übung einen Moment Zeit, in diese neue Energie hineinzufühlen und dir deiner eigenen Kraft bewusst zu werden.

Diese Übung kannst du jederzeit durchführen, egal, in welchem Grundgefühl du dich befindest. Je glücklicher und entspannter du bist, desto leichter fällt dir diese Übung. Doch sie ist vor allem dann wichtig, wenn sie dir schwerfällt. Nimm deine Kraft zusammen und gehe diese Übung Schritt für Schritt durch. Du wirst den Unterschied am Körper direkt spüren können.

Schlusswort

Es gab eine Zeit, in der ich nicht wusste, wer ich bin und wer ich sein wollte. Ich lebte ein zufriedenes Leben, aber es war nicht mein Leben. Ich hatte Schwierigkeiten, mein Licht und meine Persönlichkeit zu zeigen, und tat dies lieber für mich im Stillen. Nach außen hin zeigte ich mich so, wie mich andere haben wollten. Ich war zwar ich, aber irgendwie nur so halb.

Die intensive Arbeit mit der geistigen Welt und die direkte Kommunikation in der Akasha Chronik halfen mir, mich wieder mit meiner Seelenenergie zu verbinden. Diese magische Energie veränderte mein Leben und führte mich Schritt für Schritt in mein authentisches Licht. Natürlich lerne ich immer noch; wir alle lernen jeden Tag Neues, bis zum Ende dieser Inkarnation und darüber hinaus. Dennoch fühle ich täglich, wie gut es tut, mich selbst zu kennen.

Seitdem ich weiß, dass ich als Soldat gedient habe, kann ich die zahlreichen Träume meiner Jugend, in denen ich durch dunkle Bunker laufe, einordnen und verstehe, warum mir Loyalität und Vertrauen in diesem Leben so wichtig sind.

Seitdem ich weiß, dass ich als kleine Französin mit meiner verrückten und verspielten Art zahlreichen Menschen ein Lächeln ins Gesicht gezaubert hatte, habe ich keine Angst davor, mein inneres Kind auszuleben und voller Vorfreude und Neugier neue Projekte anzugehen.

Seitdem ich weiß, dass ich ein inkarnierter Engel bin, sehe ich mein Mitgefühl und meinen Helferdrang nicht mehr als Schwäche, sondern nutze meine Gaben, um die Frequenzen der Welt zu erhöhen.

Ich durfte bereits so viel lernen und wünsche dir von Herzen, dass du dich ebenfalls traust, deine eigene Seele zu erforschen. Bleibe neugierig und lerne sie Schicht für Schicht kennen. Ich verspreche dir, du wirst dich selbst überraschen.

Wenn dich die Akasha Chronik ruft, so wie ihr liebevoller Klang mich damals gerufen hatte, möchte ich dir noch den Mut und die Sicherheit mitgeben, dass es nicht schwer ist, das Lesen in der Akasha Chronik zu lernen. Es gibt mittlerweile so viele wundervolle Akasha Chronik Medien, die mit ihren Readings und ihrer Arbeit unsere Welt erhellen. Ich freue mich Jahr für Jahr, durch meine Ausbildungen und vor allem die großartigen Seelen, die ich ausbilden darf, meinen Teil zu diesem Licht beizutragen. Die Energien im Feld waren vor einigen Jahren noch träge und viel dichter. Mit dem Aufstiegsprozess der Erde jedoch wandeln sich diese Energien in luftige, leichte und liebevolle Schwingungen, die es uns erlauben, intuitiver und intensiver mit der geistigen Welt in Verbindung zu treten. Ich sehe anhand meiner Auszubildenden, dass, egal wie verkopft ein Mensch ist, diese neuen Weltenergien für jede Seele wirken und jeder Seele helfen. Denn die geistige Welt will, dass wir mehr mit ihr sprechen und auch mehr mit uns selbst sprechen, um endlich authentisch und erfüllt zu sein. Es braucht – wie vieles im Leben – nur ein bisschen Führung, die richtigen Übungen und Fleiß. Außerdem hilft es, sich in einer Gruppe Gleichgesinnter austauschen zu können. Es liegt eine unglaubliche Kraft in der Gemeinschaft.

Aber egal, welches Mittel der Kommunikation du wählst – ob Akasha Chronik, Pendeln oder Tarot –, traue dich, mit der geistigen Welt zu sprechen. Traue dich, deine vergangenen Leben zu erkunden.

Und traue dich, dich selbst kennenzulernen.

In Liebe,
Anni

Danksagung

Es hat mir unglaublich viel Freude bereitet, dieses Buch zu schreiben. Ich möchte mich daher bei allen Seelen bedanken, die es mir ermöglicht haben, meine Erfahrungen und Readings in gedruckten Buchstaben mit der Welt zu teilen. Ein großes Dankeschön gilt meiner Lektorin, der wundervollen Elena Grunwald, und dem tollen Team des mvg-Verlags. Sie haben mich nicht nur dazu ermutigt, diese Zeilen zu verfassen, sondern mir auf jedem Schritt dieses Weges den Raum für meine eigene Energie geschenkt.

Ich danke von Herzen meiner Familie – ich liebe euch sehr: meinen Eltern, die mich damals voller Vertrauen in die Richtung der Akasha Chronik schubsten, meiner Schwester, mit der ich bereits die zweite Inkarnation teile, meinem Mann, der mich pausenlos und liebevoll unterstützte, indem er unsere zwei Knirpse bespaßte und sie stundenlang aus dem Haus hielt, damit ich schreiben konnte, und der mich seit Stunde null inspiriert, meinen eigenen Weg zu gehen. Ich danke meinen zwei Söhnen, die ich über alles liebe. Durch sie lerne ich den Zauber dieser Welt jeden Tag aufs Neue kennen, wenn wir mit der TARDIS durch die Zeit reisen oder gemeinsam auf Feensuche gehen.

Ich möchte mich auch liebevoll bei meiner Geistführerin, Lady Nada, bedanken, die mir bei allen Rückfragen zur energetischen Zusammensetzung dieser Welt immer sofort mit einer magischen Antwort zur Seite stand und schon damals in Atlantis über mich wachte. Ein großes Dankeschön gilt auch Olga und Nina, die mich auf unterschiedlichen Wegesabschnitten meiner spirituellen Berufung begleiteten und mit Sprachmemos und ihrer wundervollen Freundschaft so einige energetische Knoten in mir gelöst haben.

Und natürlich ein gigantisches Dankeschön an dich, du liebe Seele. Dafür, dass du dir die Zeit genommen hast, dieses Buch zu lesen und in dich hineinzufühlen. Ich hoffe, ich durfte dir ein paar Impulse geben, vielleicht sogar ein paar wichtige Antworten und Inspirationen. Ich wünsche dir für deinen weiteren Weg der Findung und des Kennenlernens alles Liebe.

Über die Autorin

Anni Brückner ist Akasha Chronik Medium aus Liebe. Sie hatte bereits als Kind eine starke Verbindung zur geistigen Welt und konnte Dinge wahrnehmen, die für andere unsichtbar waren. 2018 entdeckte sie während ihrer juristischen Promotion ihre wahre Berufung. Seitdem hilft sie Menschen durch ihre Readings, Glaubenssätze zu lösen, Berufungen zu finden und Energiestaus zu heilen. Sie ist eine gefragte Speakerin und bildet Menschen zum Akasha Chronik Reader aus. Um so vielen Menschenseelen wie möglich die Welt und Schätze der Akasha Chronik näherzubringen, veröffentlicht sie auf ihrem Instagram-Account @akashacircle eigens gechannelte spirituelle Übungen und Tipps für den Alltag.

Weitere Informationen:
www.akasha-circle.com

Journalseiten für dein Akasha Reading

Auf den folgenden Seiten findest du Platz für deine Erstversuche mit der Akasha Chronik! Schreibe dir gern alles auf, was du in deinem Reading fühlst, siehst oder gar schmeckst. Ich wünsche dir hierbei viel Freude!

Journalseiten

Journalseiten

Journalseiten

Journalseiten

Journalseiten

Journalseiten